社会工作作为专业力量参与脱贫攻坚，
将专业队伍、专业方法、专业力量运用到脱贫攻坚的工作中，
发挥了不可替代的专业优势和人才优势，
提升了反贫困工作的专业性。

国家出版基金项目
NATIONAL PUBLICATION FOUNDATION

大国攻坚·反贫困社会工作丛书
丛书主编　向德平

反贫困社会工作案例

向德平　主编

華東理工大學出版社
EAST CHINA UNIVERSITY OF SCIENCE AND TECHNOLOGY PRESS
·上海·

图书在版编目(CIP)数据

反贫困社会工作案例 / 向德平主编. — 上海：华东理工大学出版社，2022.11
(大国攻坚·反贫困社会工作丛书 / 向德平主编)
ISBN 978-7-5628-6357-1

Ⅰ.①反… Ⅱ.①向… Ⅲ.①扶贫—社会工作—研究—中国 Ⅳ.①F126

中国版本图书馆 CIP 数据核字(2022)第 193839 号

内容提要

本书所收录的案例是从向全国高校征集的案例中精选出来的。在这些案例中，针对老年人、妇女、留守儿童等服务对象，围绕教育扶贫、产业扶贫、农村社区建设、文化供给等内容，社会工作学者运用资产建设、多元协同、政社联动、赋权、抗逆力等理论和视角，将社会工作理论与方法运用到脱贫攻坚中去，为贫困地区和贫困群众提供专业的服务。这些案例具有理论与实践相结合、策划与实务相结合的特点，可作为学术界开展社会工作反贫困研究的资料和素材。

策划编辑 / 刘　军
责任编辑 / 张　云
责任校对 / 张　波
装帧设计 / 王　翔
出版发行 / 华东理工大学出版社有限公司
地址：上海市梅陇路 130 号，200237
电话：021-64250306
网址：www.ecustpress.cn
邮箱：zongbianban@ecustpress.cn
印　　刷 / 上海中华商务联合印刷有限公司
开　　本 / 710 mm×1000 mm　1/16
印　　张 / 17.5
字　　数 / 197 千字
版　　次 / 2022 年 11 月第 1 版
印　　次 / 2022 年 11 月第 1 次
定　　价 / 88.00 元

编委会名单

丛书总序

我国以脱贫攻坚为标志的国家级重大反贫困行动，于2020年年底取得了预期成果，绝对贫困总体上被消除。脱贫攻坚可以说是中国乃至世界反贫困史上的一件大事，值得书写一笔。社会工作作为一种专业力量参与其中，并发挥了重要作用，其实践和经验值得总结。由向德平教授主编的《大国攻坚·反贫困社会工作丛书》在这方面做了开创性的工作，值得我们称赞。

一、社会工作参与反贫困是一项重大的专业实践

（一）反贫困是社会工作的一项核心任务

社会工作自产生之日起，就与反贫困结下了不解之缘。不是社会工作“贪恋”反贫困，而是贫困给贫困群体带来了巨大的痛苦。社会工作作为一种以帮助困难群体缓解困难、追求社会公正与社会进步的专业，理应把反贫困的责任放在自己的肩上。在世界社会工作反贫困历史上，发达国家的社会工作参与反贫困基本上是通过实施社会救助和社会慈善的方式进行的，并产生了社会工作的著名模式。第二次世界大战以后，发展中国家的反贫困主要面向农村展开，经济开发、社区发展成为其主要模式，20世纪50年代联合国倡导的社区发展原则正是社会工作参与反贫困所应遵循的。20世纪80年代以后出现的发展性社会工作，一方面与发展中国家的政府、社会工作者、发展工作者的实践有关，另一方面也受产生于发达国家的社会投资等理

论的影响。这些实践取得了一定的成绩,也为后来发展中国家的反贫困提供了借鉴和参照。

我国作为经济社会政策和发展项目的反贫困工作是从20世纪80年代中期开始的,最初是经济开发,接着是扶贫攻坚,主要是发展经济,由政府部门、国有大中型企业和贫困农户承担主要责任。2015年,我国开始实施脱贫攻坚工程,中央明确要求形成由专项扶贫、行业扶贫和社会扶贫互为补充的大扶贫格局,做到扶贫开发与经济社会发展相互促进,不但注重产业脱贫,而且加强教育等多层面脱贫;要求坚持群众主体,激发内生动力,注重扶贫扶智,增强贫困人口自我发展的能力,同时实施扶贫志愿者行动计划和社会工作专业人才服务贫困地区计划。这样,社会工作力量作为脱贫攻坚的有机组成部分,有了"特殊"的实践机会,也更有针对性地参与反贫困行动。2017年,《民政部 财政部 国务院扶贫办关于支持社会工作专业力量参与脱贫攻坚的指导意见》(以下简称《意见》)要求中国社会工作教育协会发挥推动作用,进行教育扶贫。同时实施社会工作服务机构"牵手计划",从发达地区选择专业性强的社会工作服务机构,与贫困地区社会工作服务机构等进行结对帮扶。社会工作教育界积极响应政府部门的号召,组织、动员和支持各社会工作院系参与这一具有历史意义的反贫困行动。各类群体参与脱贫攻坚成为中国社会工作重建以来,规模最大、时间较长、有组织、有目标要求的集体性行动。

(二)社会工作参与脱贫攻坚取得了积极成果

按照民政部等部门的《意见》,中国社会工作教育协会参与脱贫攻坚是教育扶贫,其主要任务是——高校社会工作专业院系要与贫困地区合作建立社会工作专业培训、教师实践和学生实习实训基地，帮助贫困地区培养社会工作专业人才；高校社会工作专业教师到贫困地区开展专业督导，引导社会工作专业在校生到贫困地区进行社会实践；支持鼓励社会工作专业毕业生到贫困地区就业。在中国社会工作教育协会的组织动员下，各社会工作院系秉持专业精神、发挥主观能动性，组织师生、链接资源、深入贫困地区，开展了多项服务，较好地完成了《意见》提出的任务，并尽己所能地为贫困地区的居民做贡献，在脱贫攻坚中取得了不少开创性成果。社会工作教育界支持了贫困地区的脱贫工作，促进了贫困地区社会工作人才和专业力量的发展，也获得了参与反贫困的直接经验，使我们感受到了派驻的扶贫干部、当地干部群众在反贫困中表现出来的坚韧不拔的精神。同时，参与脱贫攻坚也成为各社会工作院系理论联系实际、开展实践教学、在实践中培养学生、在比较中进行研究的重要场域，因而参与者的收获是丰硕的。

对于参与脱贫攻坚，中国社会工作教育协会领导班子给予了高度重视，设计行动计划、动员组织促进，推动了整个工作向前发展。中国社会工作教育协会还建立了反贫困社会工作专业委员会，反贫困社会工作专业委员会在贯彻和实现协会的总体部署、推动整个活动发展方面发挥了积极作用。作为反贫困社会工作专业委员会的负责人，向德平教授和他主持的反贫困研究机构积极配合、主动工作，有力地支持了中国社会工作教育协会工作的开展。

二、社会工作界参与反贫困是理论与实践比较、互动和提升的过程

（一）社会工作教育界参与反贫困是理论与服务实践的互动过程

社会工作教育界参与反贫困的特点是，由具有深厚社会工作理论与知

识积累的高校教师和研究生、高年级本科生，带着一定的知识储备开展实践，这同时也是他们走出课本和学校实际开展社会工作服务的过程。在一定意义上，它是理论指导实践的过程，也是实践检验书本知识和理论的过程。反贫困服务是在自然环境复杂、文化传统多样的贫困地区展开的，社会文化因素深深地影响着反贫困行动的开展。在上述经济、政治、社会、文化背景下开展的反贫困，必然比书本上介绍的复杂得多。社会工作界参与反贫困，必然会遇到上述复杂因素的影响，会遇到许多“中国式”的问题需要解决。这是一个不断比较、选择、实践和反思的过程。对社会工作教育界来说，这是一系列挑战，也是在克服困难中不断成长的过程。

（二）书写经验是反贫困理论和实践成果的延伸

社会工作者的基本品格是奉献和共享发展成果，同时社会工作教育界又有改进教育、传播知识、贡献社会的责任。从这个角度来说，将参与反贫困的经验和思考写出来，是十分有意义的事情。向德平教授主编的这套丛书是此种努力的体现。这套丛书组织了国内社会工作界 20 多位专家学者，基于社会工作实践，总结反贫困的相关模式和经验，生产社会工作知识，价值显而易见。

这套丛书以实践为基础，同时兼顾反贫困知识和实践的完整性，它是多视角、全方位和具有整体性的。其主要视角包括社区为本视角、抗逆力视角、内生动力视角、资产建设视角、金融服务视角、可行能力建设视角、赋权视角、贫困治理视角、心理弹性和生涯辅导视角等。它关注的服务对象主要包括儿童、老年、妇女、残疾人及西部农村中的弱势群体。这套丛书既介绍成型的社会工作理论，也介绍中国特色的社会工作实践。基于本土实践，它介绍了社会工作参与反贫困模式的多样化和经验的多元化，反映了中国反贫困的经验及社会工作参与反贫困的机制，阐明了专业社会工作是如何发挥专业优势、实现服务效能的。

这套丛书也是系列教材，体现了从理论到实践、从实践到知识的转化过程。这里包含了对反贫困知识和理论的选择，包括在实践中对社会工作知识的运用和反思，也包括基于实践的知识建构，还包括不同类型和不同层次的建议。丛书内容丰富，有借鉴、有创新、可指导实践，也为反贫困研究提供了参考框架，是反贫困领域的学术力作，是社会工作本土化的重要成果。

三、在乡村振兴中更好地运用和发展社会工作参与反贫困的经验

到2020年年底，我国在总体上消灭了绝对贫困，但是相对贫困还会长期存在。中国共产党第十九届中央委员会第五次全体会议提出“实现巩固拓展脱贫攻坚成果同乡村振兴有效衔接”，我国巩固脱贫成果和反贫困的任务依然是十分繁重的。在走向乡村振兴、实现共同富裕的进程中，现在已经取得的反贫困经验在一定程度上依然有效，这与相对贫困现象在地域、群体、经济状况、社会生态和文化上的连续性密切相关。当然，相对贫困也有自身的特点，贫困群体有了以往反贫困的经验，有了相对好的经济基础和社会生活条件，他们摆脱贫困的内在动力和能力也有所增强。但是我们也要看到，在新的国际国内形势下，面对不断加剧的市场化竞争，相对贫困群体的生存压力不会减少，反贫困的发展性要求会更加突出。我国已经进入社会主义现代化建设的新阶段，要贯彻新的发展理念，构建以国内大循环为主体、国

内国际双循环相互促进的新发展格局，其中乡村全面振兴、遏制返贫现象发生、实现共同富裕任务艰巨。在这种背景下，社会工作者在参与脱贫攻坚中获得的经验仍然有重要的参考价值。我们也期待社会工作者群体在参与乡村振兴和解决相对贫困问题方面取得新的成果。

把论文写在祖国的大地上，中国社会工作教育界以自己的实际行动在认真践行。

王思斌
北京大学社会学系

主　编　序

打赢脱贫攻坚战，是实现中华民族伟大复兴的底线要求，是贫困地区与全国一起全面建成小康社会的关键之举，是实现国家长治久安的重要保障。

我国扶贫开发进入精准扶贫、精准脱贫的新阶段。精准扶贫战略贵在精准，精准与专业具有同构性，只有调动专业的力量参与精准扶贫，才能进一步提升精准识别、精准帮扶、精准管理的精准度，才能更专业地解决贫困人口在脱贫过程中的个性问题与发展问题。社会工作参与脱贫攻坚具有重要的意义，在反贫困工作中扮演着重要的角色。

社会工作作为专业力量参与脱贫攻坚，将专业队伍、专业方法、专业力量运用到脱贫攻坚的工作中，发挥了不可替代的专业优势和人才优势，提升了反贫困工作的专业性。事实上，社会工作起源于贫民救济或慈善事业，其发展的历史就是人们与贫困做斗争的历史。社会工作的专业方法、理念正是人们在与贫困及相关社会问题做斗争的实践中逐步形成和发展起来的，因此，社会工作参与脱贫攻坚具有深厚的历史基础和重大的现实意义。社会工作参与脱贫攻坚是社会扶贫的重要组成部分。作为精准扶贫的专业力量，社会工作通过需求评估，精准识别贫困人口和致贫原因；通过资源整合，动员与协调各方扶贫力量和扶贫资源；通过提升扶贫对象的能力，激发和提升扶贫对象的内生动力和可行能力。社会工作参与脱贫攻坚，有助于提高反贫困工作的精准性和可持续性，实现由“输血”型扶贫向“造血”型扶贫、救助型扶贫向发展型扶贫的转变。

党中央、国务院十分重视社会工作专业人才服务贫困地区的工作,《中共中央 国务院关于打赢脱贫攻坚战的决定》(中发〔2015〕34 号)、《中华人民共和国国民经济和社会发展第十三个五年规划纲要》和《国务院关于印发“十三五”脱贫攻坚规划的通知》(国发〔2016〕64 号)对实施社会工作专业人才服务贫困地区计划、支持专业社会工作和志愿服务力量参与脱贫攻坚提出了明确的要求。为贯彻落实党中央、国务院的决策部署,支持社会工作专业力量参与脱贫攻坚工作,《民政部 财政部 国务院扶贫办关于支持社会工作专业力量参与脱贫攻坚的指导意见》发布①,民政部办公厅、国务院扶贫办综合司出台了《社会工作教育对口扶贫计划实施方案》。

为落实《民政部 财政部 国务院扶贫办关于支持社会工作专业力量参与脱贫攻坚的指导意见》的精神,贯彻实施民政部、国务院扶贫办联合制定的《社会工作教育对口扶贫计划实施方案》,深入推进教育扶贫工作,全国社会工作专业学位研究生教育指导委员会和中国社会工作教育协会积极实施“社会工作教育对口扶贫计划”,组织全国 200 多所高校参与社会工作教育对口扶贫工作。在反贫困社会工作实践中,社会工作教育和实践工作者积极探索,积累了较丰富的实务经验,总结了一批典型案例,产出了一系列理论成果。本丛书是中国社会工作参与反贫困成果的系统呈现。

2019 年 3 月 16 日,中国社会工作教育协会反贫困社会工作专业委员会与华东理工大学出版社在武汉举行“大国攻坚 · 反贫困社会工作丛书”启动仪式。来自 10 多所高校的 20 余名作者代表参加了会议。会议研讨、确定了

① 国务院扶贫办全称为国务院扶贫开发领导小组办公室,本书为与政策文件通知一致,统称为国务院扶贫办。

本套丛书的写作框架和主要内容。

本丛书是在全国社会工作专业学位研究生教育指导委员会、中国社会工作教育协会的指导下，由中国社会工作教育协会反贫困社会工作专业委员会具体组织完成的。王思斌教授、阮曾媛琪教授、谢立中教授、蔡禾教授、关信平教授、马凤芝教授、彭华民教授全力支持反贫困社会工作专业委员会的工作，指导本丛书的编写。

中国社会工作教育协会前任会长徐永祥教授高度重视本丛书的编写工作，为丛书的编写和出版提供了巨大的支持。这套丛书寄托了全体社会工作同仁对徐永祥教授的深沉怀念！

感谢所有关心、支持本套丛书的专家和同仁！

向德平
华中科技大学社会学系

前　言

为了贯彻落实《民政部 财政部 国务院扶贫办关于支持社会工作专业力量参与脱贫攻坚的指导意见》的精神，总结社会工作教育对口扶贫的工作成果，发展建构中国本土反贫困社会工作理论与实践方法，中国社会工作教育协会反贫困社会工作专业委员会于2019年4月25—26日在武汉召开“反贫困社会工作案例书写工作坊”（以下简称“工作坊”）。“工作坊”由中国社会工作教育协会副会长、反贫困社会工作专业委员会主任向德平教授主持，中国社会工作教育协会副会长、农村社会工作专业委员会主任张和清教授主讲。来自华中农业大学、四川外国语大学、江西师范大学、江西财经大学、内蒙古工业大学、云南财经大学等10多所高校的30余位教师参加了“工作坊”。张和清教授作了《乡村振兴战略中的反贫困社会工作——以绿耕、双百社会工作项目为例》的报告，阐述开办“工作坊”的意义，讲解行动研究的逻辑、思路和方法，并对各团队前期提交的案例报告进行点评。各案例写作团队分成5个小组开展集中讨论和修改，之后各组进行成果展示和汇报，向德平、张和清等针对案例报告逐一点评，各团队成员亦积极参与讨论。各团队返回学校后，对案例进行了系统的修改，形成了最终的案例报告。

这些案例报告的撰写者都是在高校从事社会工作教育与研究的教师，同时又参与了反贫困实践，他们撰写的案例具有理论与实践相结合、教学研究与实务服务相结合的特点，可作为学术界开展社会工作反贫困研究的资料和素材。

本书的编写分工如下：第一章由赣南师范大学黄清喜撰写；第二章由四川外国语大学唐佳撰写；第三章由闽南师范大学余瑞萍撰写；第四章由郑州轻工业大学岳要鹏、中共衢州市委党校陈诗慧撰写；第五章由江西师范大学林欢欢撰写；第六章由陕西师范大学田雄、段塔丽撰写；第七章由江西财经大学王青撰写；第八章由内蒙古工业大学邓俊丽、马利强、李宽撰写；第九章由云南财经大学郑秀娟撰写；第十章由长春理工大学李弘、白璐撰写；第十一章由曲靖师范学院郭一建撰写。

本书是国家社会科学基金重大项目“精准扶贫战略实施的动态监测与成效评价研究”(16ZDA022)、教育部哲学社会科学发展报告建设(培育)项目“中国反贫困发展报告”(11JBGP038)的研究成果。

向德平

目　录

CONTENTS

第一章　民俗学介入社会工作的方法与路径案例

一、背景

党的十九大报告指出，坚决打赢脱贫攻坚战，动员全党全国全社会力量，坚持精准扶贫、精准脱贫，注重扶贫同扶志、扶智相结合，深入实施东西部扶贫协作，重点攻克深度贫困地区脱贫任务。打赢脱贫攻坚战，是促进全体人民共享改革发展成果、创造美好生活、实现共同富裕的重大举措。

为了落实党的十九大精神，贯彻《民政部 财政部 国务院扶贫办关于支持社会工作专业力量参与脱贫攻坚的指导意见》中提出的"实施社会工作教育对口扶贫计划"要求，全国社会工作硕士专业学位教育指导委员会（以下简称"全国 MSW 教指委"）、中国社会工作教育协会于 2017 年 12 月联合启动"中国社会工作教育百校对口扶贫计划"，鼓励高校社会工作专业师生深入贫困地区，利用专业知识助力精准扶贫，截至 2018 年年底共有 200 多所高校加入该计划。

2018 年 6 月 15 日，"中央财政支持江西省社会工作教育对口扶贫服务示范项目”启动大会在江西南昌举行。大会详细汇报了项目的组织构架、实施地域、服务对象、服务内容、服务目标、服务指标、预期效果、进度安排、项目预算等，并对参会人员进行了培训。这次大会的召开标志着中央财政支持社会工作教育对口扶贫服务示范项目在江西正式启动。作为该项目省内5所执行高校之一，A校派专业教师全程参与。

2018年6月21日，中央财政支持A校社会工作教育对口扶贫服务示范项目负责人偕同项目组其他教师，就该项目的选点、服务、职责、保障等工作与国家级贫困县——B市C县①县委领导及扶贫办、民政局等部门主要负责人进行洽谈，选定该县D乡E村为项目落地村。随后，项目组考察了D乡E村，与D乡乡政府负责人、E村两委部署了项目落地的具体工作。这标志着中央财政支持A校社会工作教育对口扶贫服务示范项目正式启动。

二、帮扶方式

项目要求至少开展10个个案服务、2期小组服务和2次社区活动(每次活动至少100人参加)。为了确保完成任务，项目社工于E村开展了12个个案服务、2期小组服务和2次社区活动(一次活动为文艺晚会，参加人数达400人以上；一次活动为F和G两所小学联合举办的“红色故事”演讲比赛，参加人数达200人以上)。然而，当项目社工提出要举办一场文艺晚会，需要村民自己上台表演时，从地方负责人到村民都面露难色，认为不可行。这让项目社工认识到必须拉近与该村村民之间的距离。那么，究竟怎么入手呢？通过对几种方案的筛选，最后项目社工认为从当地居民习而不察的民俗入

① 现已脱贫。

手，或许能解决所有被认为是“棘手的问题”。于是项目社工提出不管是个案服务、小组服务还是社区活动，都应紧紧围绕当地民俗来开展，采取民俗学视域下的行动过程帮扶模式，以亲近村民，温暖人心，让村民真正感受到暖心的帮扶。

（一）民俗学的实践范式

民俗文化即老百姓千百年来自己“创造、传承和享用的生活文化”[①]。其经历史的积淀，成为一个民族、族群及地方社会“最根本的基础文化”[②]，是一个区域传统文化的 DNA。一方面，民俗文化虽习而不察、用而不知，却是增强当地民众地方文化认同的精神基石，它一旦被挖掘出来，就能成为当地民众建设家乡的内在动力。另一方面，民俗文化经历史尘埃的包裹，也非尽是良俗，我们应对其细加辨析，尽量消除其负面影响，发挥其正能量。

（二）行动过程理论

韦伯（Webber）认为，“社会行为应该称作这样一种行动，即行动者以他主观所认为的意义而与他人的行为相关，即以过去的、现在的或将来所期待的他人的行为取向”[③]，也即“社会由行动者构成，因此，研究社会就要研究行动者，而要研究行动者就需要研究行动者的社会行动，并且社会行动构成了现实世界的各种社会现象。所谓社会行动，是指他人过去、现在或未来的行为”[④]。这就为微观操作层面的行动提供了理论支持。安东尼·吉登斯

① 钟敬文：《民俗学概论》，上海文艺出版社 2009 年版，第 1 页。
② 国家图书馆：《部级领导干部历史文化讲座·2004》，北京图书馆出版社 2005 年版，第 317 页。
③ 贾春增：《外国社会学史（第三版）》，中国人民大学出版社 2008 年版，第 92 页。
④ 张广利、王登锋：《社会行动：韦伯和吉登斯行动理论之比较》，载《学术交流》2010 年第 7 期。

(Anthony Giddens)进一步指出:“人的行动是作为一种绵延而发生的,是一种持续不断的行为流,正如认知一样。有目的的行动并不是由一堆或一系列单个分离的意图、理由或动机组成的。因此,最好把反思性看作根植于人们所展现的并期待他人也如此展现的对行动的持续监控过程。”①吉登斯的论断使行为科学的一个重要分支——行动过程理论呼之欲出。行动过程理论认为,人们的行为一般分为五个基本步骤:没有意识到问题→发现问题但并没有主观参与→参与并开始考虑怎么解决问题→决定行动但未行动→采取行动。这五个步骤一般是有序的,完成上一步后才往下一步过渡和发展。这些步骤代表了行为、保留行为、思考、判断、智慧和信念所经历的过程及不同的表现方式。在此过程中,产生转变的因素根据个人条件、能力和特定情况而变化。因此,该理论能有效地分析人们在各个步骤中的心理变化,这使得帮扶者能够采取有效措施对帮扶对象的行为决策施加影响,从而产生积极的效果。

(三)民俗学范式与行动过程理论综合运用的意义

民俗文化“是没有从生活中挣脱出来的文化,所以又称为民间生活”②。有什么样的生活就有什么样的民俗文化。民俗文化的生活属性决定其具有三个面向,即良俗、恶习和地方传统文化的 DNA。我们可以从这三个面向去规范、调适和改变民众的生活方式,具体做法如下:(1) 在良俗方面,发挥民俗文化的正能量;(2) 在恶习方面,尽量减少民俗文化的负面影响,甚至可以化负能量为正能量;(3) 在地方传统文化的 DNA 方面,激发民众对地方传统

---

① [英]安东尼·吉登斯:《社会的构成:结构化理论大纲》,李康、李猛译,生活·读书·新知三联书店 1998 年版,第 62 页。

② 万建中:《中国民间文化》,北京师范大学出版社 2010 年版,第 9 页。

文化的自信心、自豪感，从而使民众不论是在内心的文化自信方面还是在外在的发家致富、建设家乡等方面都迅速自强起来。行动过程理论则让我们在对民众的生活方式进行规范、调适和改变时能深究民众的心理原因，从而帮助他们克服心理障碍，化解心理矛盾，开启智慧，并朝着正能量方向发展。总之，两者的综合运用，对于推进扶贫帮困具有良好的效果。当然，我们在辨析良俗与恶习时，应运用辩证思维和专业的民俗学知识，且应在行动过程理论的指导下逐一辨析，做到因时、因地、因人而异。这也是这一理论范式的重点和难点。然而，中华文明源远流长，在借鉴国外理论、探索本土经验的过程中，具有前沿社会工作理论和良好民俗学素养本身就是我国社工所应具备的。这是我国历史文化扬弃和积淀的要求，也是中国特色社会工作尊重历史、尊重传统、以民为本的特性所在。

三、扶贫村基本情况

截至项目实施时，E 村总人口为 2 619 人，共 547 户，其中劳动力人口有 1 371 人；下辖 16 个村民小组，有党小组 8 个、党员 56 名（其中流动党员 4 名）、村干部 6 名；土地总面积为 2.6 平方千米，耕地面积为 1 456 亩、山林面积为 560 亩。截至 2014 年，该村建档立卡贫困人口有 491 人，共 114 户。2014 年脱贫人口为 205 人，39 户；2015 年脱贫人口为 72 人，12 户；2016 年脱贫人口为 60 人，15 户；2017 年脱贫人口为 16 人，4 户；到项目实施时，尚有未脱贫人口 138 人，44 户。该村主要致贫原因如下：因病致贫 54 户，因残致贫 16 户，因学致贫 4 户，因缺劳动力致贫 1 户，因缺技术致贫 9 户，因灾致贫 4 户，因缺资金致贫 26 户。2018 年年初，未脱贫户中因病致贫 26 户，因残致贫 8 户,因缺劳动力致贫 1 户,因学致贫 3 户,因缺技术致贫 1 户,因灾致贫 3 户,因缺资金致贫 2 户。该村主要脱贫措施有发展家庭种养业、就业脱贫(介绍贫困人口到外地就业或在本村产业基地就业)和政府兜底保障。帮扶单位有 B 市食品药品监督管理局和 D 乡乡政府。

此次项目实施的摸底调查选择了行政村所在地 E 村及距离 E 村较近的 4 个村民小组作为实施点。

四、实践过程

项目的实施综合运用民俗学的实践范式和行动过程理论。下面以一一对应的方式选取帮扶过程中的三个典型案例来阐释传统民俗文化三个面向的正能量。

(一) 良俗的边界:寄人篱下的"懂事"

1. 需求调查

项目社工在调查中发现了这样一位 9 岁的小女孩(案主):案主的爷爷奶奶已去世,爸爸妈妈外出打工,案主姑姑有两个与案主年龄相仿的孩子,于是案主被寄养在她姑姑家。同她姑姑两个年龄相仿的孩子相比,用她姑姑的话说是"比他们懂事多了":放学一回到家,案主就忙前忙后地帮她姑姑做家务,提水、扫地、洗菜、炒菜、做饭她都会。但她胆子小、很害羞、不愿与人多说话,有什么好吃的、好玩的都让着她姑姑的孩子,学习成绩也不好。

2. 接案

社工知道,是寄人篱下的境遇使案主早早地"懂事"了。为了帮助案主从这种阴影中解脱出来,社工决定对她进行疏导。

3. 预估

针对案主胆子小、很害羞、不愿与人多说话等情况，社工打算采取鼓励、表扬等方式进行破冰，然后再从多方面（案主的姑姑、案主的父母、案主自己）导入，解决案主因寄人篱下而产生的心理问题。

4. 计划

（1）破冰。赞扬案主的炒菜手艺，并顺势发挥其主动性，让她第二天中午教社工炒菜，以拉近案主与社工的距离，增强她的自信心，达到破冰目的。

（2）解决案主因寄人篱下而产生的心理问题。具体措施如下：① 告诉案主的姑姑，案主表现得“特别懂事”是因寄人篱下而产生心理阴影的表现，要特别注意；② 适时采取有效办法消除案主的心理阴影，并努力增强案主的自信心；③ 与案主父母沟通，让他们认识到孩子长期被寄养在他人家会产生心理阴影，要求他们采取一定措施（如常回家陪陪案主、每天与案主视频通话等）让案主幸福、快乐地成长。

5. 介入

根据设计的方案，社工进行了个案和小组服务。以下为小组服务过程手记。

起初，我们以去她姑姑家做客的方式让她姑姑及其家人（包括案主）更快地接受我们。但案主不敢接近我们，我们一进去，她就躲到房间里去了。当被我们和她表兄弟的欢笑声吸引得想看看外面的情况时，她都只是怯生生地打开一点门，把头悄悄探出来看。看到有趣处也会莞尔一笑，但当我们想叫她出来和我们一起玩时，她就赶紧把头缩回去，关上了门，而且怎么叫都不出来。

第二天，我们特地傍晚时去了案主姑姑家。案主正在炒菜，已炒好了两个菜，我们其中一位同学尝了一下，觉得很好吃，便说："哇，你炒的菜这么好吃啊！"案主微微一笑，边炒边说："这个更好吃，有肉。"等她炒好后，我们又尝了一下，真的很美味。于是说："怪不得你姑姑让你炒菜，真的很好吃。"这时，案主炒完了菜，并将菜端到桌子上去，她姑姑热情邀请我们一起吃饭。我们说已吃了，跟她姑姑说明天要来跟案主学炒菜，并问案主："你愿意教我们吗？"案主羞涩地点点头。

第三天，我们上午10点左右去了案主姑姑家，他们都在家等着我们。这时，案主已不太拒绝我们了，但还是不太说话。我们说："你怎么这么会炒菜啊，那你爸爸妈妈回来了你会炒菜给他们吃吗？"案主骄傲地说："我爸爸妈妈可不会让我炒，他们会买好多好吃的、做好多好吃的给我吃。"我们感觉时机成熟，可以试一试了，于是问："你想你爸爸妈妈吗？"案主说："想。"突然，她哭着说："我好想爸爸妈妈！"她哭得歇斯底里，边哭边说："我好想爸爸妈妈……我好想爸爸妈妈……"她放下了心里的戒备使劲地哭！这让在场的所有人（包括她姑姑）都措手不及。虽然我们设想过这一场景，但面对案主的这一哭，我们还是感到有点手足无措。还好，我们准备了应急方案。于是，预先安排好的一位女同学抱着她，一边抚摸一边安慰她，说："不哭，不哭，我们现在就来看你爸爸妈妈。"好长一段时间，案主的发泄才结束。

这一切让她姑姑感到内疚。因为这种寄人篱下的境遇虽然我们一眼就能看出，但她姑姑从未意识到，认为真的是案主比自己的两个孩子更懂事。案主歇斯底里的痛哭才使她感受到了孩子的委屈。我们跟案主姑姑说："这不是因为你没有善待孩子，而是因为长期被寄养在你家，让她敏感地察觉到要做好一切来讨好你”。这是长期寄人篱下的境遇所导致的，因此在大家眼里，案主就显得更“懂事”了。

之后，我们当场以视频通话的方式联系了案主的爸爸妈妈。案主在爸爸妈妈面前是那么的天真烂漫，我们也把之前的情况跟她爸爸妈妈讲了，让他们多回来看看案主，并要求他们尽量每天和案主视频通话一次。他们答应了。

接下来的工作进行得很顺利，小组活动也把案主纳入进来。案主有不会做的作业会让我们教她，我们也不时地和她一起玩、一起做游戏等，她也渐渐开朗了起来。当项目完成阶段性的个案和小组任务后，我们要暂时撤出时，案主对我们依依不舍，一直送我们到村口，并且问：“你们什么时候再来啊?”这让我们都感到鼻子酸酸的。我们说现在是暑假，下学期开学前后会再来。最后，我们互留了电话和微信，以便随时聊天和帮她解决问题。这样，案主才稍微宽心了一些。

6. 评估

社工的这一帮扶工作是成功的。从整个介入过程可以看出，帮扶工作的成功得益于以下几方面：(1) 社工在调查时发现了案主的生活状况——长期寄人篱下；(2) 社工有民俗学的理论与实践基础，知道案主在长期寄人篱下的环境中会产生心理阴影；(3) 对症下药，利用去案主姑姑家做客这一习俗，让相关人员在心理上乐于接受社工，从而成功开展了破冰活动；(4) 民俗学实践与行动过程理论相结合，指导帮扶方案的设计和执行。

社工的真诚让案主彻底信任社工，因此能够在社工面前尽情地发泄压抑的情感。有了信任，又有实践范式和理论指导，通过资源链接，取得成功就是水到渠成的事了。现就具体过程分析如下。

第一，社工在实践中运用民俗学的理论，使人际关系融洽后，再赞美案主的炒菜手艺，就能够很容易地将话题转向案主的父母，让案主自然流露出有父母在身边时的幸福感。手记中“我们说：‘你怎么这么会炒菜啊，那你爸爸妈妈回来了你会炒菜给他们吃吗？’案主骄傲地说：‘我爸爸妈妈可不会让我炒，他们会买好多好吃的、做好多好吃的给我吃。’”（行动过程理论的第一步：案主还没意识到自己有心理问题。）

第二，当时机成熟后，社工便进一步探问埋藏在案主心里的情感。手记中“于是问：‘你想你爸爸妈妈吗？’”（行动过程理论的第二步：社工发现了案主的问题，但案主没有主观参与解决问题的意识。）

第三，社工特意安排的看似无意、惯习式的探问却真正触动了案主压抑已久的情绪，诱导出案主深埋在心里对父母的想念。手记中“案主说：‘想。’突然，她哭着说：‘我好想爸爸妈妈！’她哭得歇斯底里……”（行动过程理论的第三步：案主意识到自己存在的问题，但不知如何解决，进行无意识的发泄。）

第四，当案主发泄结束后，社工知道，她有解决问题的迫切需要。手记中从“她放下了心里的戒备使劲地哭……”到社工安抚案主说：“不哭，不哭，我们现在就来看你爸爸妈妈。”（行动过程理论的第四步：案主有主动参与解决问题的意识，社工决定帮助她采取行动解决问题。）

第五，资源链接，从案主的姑姑（主要从民俗心理方面宽慰她，如不是她没有善待案主等）、案主的父母（主要从亲情方面提醒他们，如案主还小，需得到父母的爱等)、案主自己(主要是增强案主的自信心,使其变得开朗,如一起玩游戏,帮她解决作业难题等)三方面解决案主的心理问题,从而使案主从阴影中走出来。手记的后三段能够反映。(行动过程理论的第五步:帮助案主及相关人员采取正确的行动,解决案主的问题。)

7. 结案与反思

个案和小组服务帮助案主解决了心理问题,达到了预期目的,于是社工进行了结案。结案后社工通过手机一直与案主保持着较为活跃的联系,这为社工后面开展的两次社区活动打下了良好基础。在案主需要帮助的时候,对案主进行帮扶是社工的责任,社工也一直保持了下来。这一案例给社工的启示是检视传统民俗中所谓"良俗"的边界,即辩证地看待良俗。将孩子寄养在亲戚家既表现了友好的亲情关系,又帮助了需要寄养孩子的人。然而,这里要非常注意被寄养孩子的感受。短暂寄养可能会让孩子很开心,但长期寄养是不可取的,会使孩子产生寄人篱下的心理阴影。

(二) 恶习的拐点:小品《懒汉脱贫》

1. 需求调查

社工在调查中发现,很多村民(不论是脱贫了的,还是还没脱贫的)都存在一定程度的"等、靠、要"思想。这种思想导致他们闲散在家,无所事事,且对精准扶贫政策漠不关心,好像扶贫就是扶贫干部的事,跟自己无关。这也是社工提出需要动员村民上台表演时,从地方负责人到村民都面露难色的原因。一些村民对政府的态度是"有钱、有物给我可以,要我做事没门"。于是出现一种很"热闹"的场面:各级扶贫干部忙得不亦乐乎,贫困户闲得不亦乐乎，普通村民看得不亦乐乎。

2. 接案

扶贫先扶志，但又不能当面批评哪一位村民，否则只会产生矛盾，加深成见，不利于工作的开展。那么，如何才能让部分村民深刻醒悟过来？根据项目要求，社工需要开展社区活动，且总体需求调查显示村里文体娱乐活动缺乏，于是社工决定把一次社区活动定为文艺晚会，在晚会上呈现一个懒汉如何在扶贫干部的帮扶下走上脱贫道路的节目。

3. 预估

“文艺是铸造灵魂的工程，文艺工作者是灵魂的工程师。好的文艺作品就应该像蓝天上的阳光、春季里的清风一样，能够启迪思想、温润心灵、陶冶人生，能够扫除颓废萎靡之风。”①用当地村民喜闻乐见的小品形式将懒汉的典型“懒态”展现出来，既让人捧腹大笑，又发人深省；将扶贫干部的帮扶故事进行深化和升华，使台上尽心尽力的帮扶表演在台下引起共鸣，激发出村民向往新生活的无限热情，从而根除懒惰思想，积极发家致富。

4. 计划

策划、导演经典的扶贫先扶志节目——小品《懒汉脱贫》，以便正式演出时起到把整台晚会推向高潮的效果。

5. 介入

根据计划的安排和方案的设计，2018 年 8 月底，项目社工举办了以 E 村村民为主要演员的 E 村首届“村晚”，即“激情八月，牵手 E 村——中央财政

① 中共中央宣传部：《习近平新时代中国特色社会主义思想学习纲要》，学习出版社，2019 年版，第 149—150 页。

支持A校社会工作教育对口扶贫服务示范项目之社区文艺晚会”，其中一个节目就是小品《懒汉脱贫》。现将小品内容呈现如下。

一懒汉，穷且懒，还酗酒。扶贫干部整天围着他转，帮其脱贫。懒汉则像不关自己的事一样，天天在那里“等、靠、要”。睡觉睡到日上三竿还不起床，即使起床了也不做事，尽是喝酒。把扶贫干部急得团团转。

这天，扶贫干部带着一盒礼品又去他家，看见懒汉醉眼惺忪地坐在那喝酒。扶贫干部说：“你看你，这么凉快的天也不去外面做点事，尽是在家喝酒！”

懒汉说：“这么凉快的天正好喝酒，喝完美美地睡一觉，多舒服啊！”

扶贫干部说：“舒服舒服，你只管自己舒服，穷成这样了还好意思说喝完再美美睡一觉呢，是我早找个地缝钻进去了！”

懒汉说：“我爱睡就睡，穷就穷，你管得着吗？”

扶贫干部说：“怎么管不着，我摊上你这样的人，算是倒八辈子霉了。你懒成这样，让我怎么完成脱贫任务啊？”

懒汉说：“是你们乡里要脱贫，又不是我要脱贫，关我什么事。”说完，他走到床前，倒到床上，装着呼呼大睡了。

扶贫干部气得在他家无奈地走来走去。突然，他灵机一动，说：“本来我还打算给你找个老婆。你这么懒，谁愿意嫁给你啊！算了，算了！”

听到要给自己找老婆，懒汉掀开被子，从床上跳下来，嬉皮笑脸地说：“真的吗？是真的吗？这才像真正为民着想的扶贫干部。”

于是，懒汉开始讨好扶贫干部。

懒汉说：“你看我这都快四十岁的人了，连个老婆都没有，你就帮帮我吧。”

扶贫干部说:“你这么懒,谁敢嫁给你啊!”

懒汉说:“你帮我讨个老婆,我保证勤快起来。”

扶贫干部说:“你怎么保证?”

懒汉说:“从现在起,我不喝酒,不睡懒觉。”

扶贫干部说:“你真能做到?”

懒汉说:“能,保证能。”

扶贫干部拿出一瓶酒放到桌上,说:“哎呀,本来打算今天好好和你喝几杯呢,看来没这个口福了。”

懒汉一见酒,两眼放光,拿起酒瓶就要往杯子里倒酒。就在这时,懒汉牵强地笑着说:“你是在考验我。不喝,不喝。”他放下了酒瓶。

扶贫干部说:“真不喝? 这可是好酒啊,那我喝了。”他拿起酒瓶就往杯子里倒酒,并一饮而尽,说:“嗯,好酒! 好酒!”

见扶贫干部喝得津津有味,懒汉再也忍不住了。抢过酒瓶,说:“那今天不算,从明天开始。”他说着就要往杯子里倒酒。

扶贫干部说:“喝吧,喝吧,确实是好酒,香着呢!”

见扶贫干部像是讥讽的意思,懒汉最终放下了酒瓶,说:“说了不喝就不喝了,以后再好的酒也不喝!”

扶贫干部看出懒汉的决心,说:“来,看我给你带什么来了?”

打开礼盒,里面是一个蛋糕。

扶贫干部说:“今天是你的生日,我特地给你买了个生日蛋糕。”

这下懒汉彻底被感动了,眼里含着泪说:“十八年了,自从十八年前我父母过世后，我再也没过过生日。”他说着，竟像个小孩一样紧紧地抱着扶贫干部“哇哇”地哭了起来。

扶贫干部边轻拍着他的肩膀边安慰他。

懒汉痛快地哭完后，把眼泪一抹，说：“不好意思，让您见笑了。我以为这世上再也没人记得我的生日了，没想到您竟然知道，谢谢您！您看我现在都过成啥样了！从今以后，我一定重新做人！”

扶贫干部边用坚毅的目光看着他边点头，以示鼓励。

小品结束。

6. 评估

这场文艺晚会无疑获得了巨大成功，其中，小品《懒汉脱贫》起到了“台柱子”的作用。小品《懒汉脱贫》的成功主要得益于以下几方面：(1) 社工在需求调查时发现很多村民在脱贫过程中存在“等、靠、要”思想，甚至存在不以这种恶习为耻，反以其为荣之势。其实，懒汉恶习为广大村民所厌恶，因此小品的情节基调具有广泛的群众基础。可以说，小品《懒汉脱贫》针砭时弊，发人深省。(2) 从普遍的习俗和人的心理来看，当面指出别人的缺点可能会适得其反，于是社工采用舞台表演的形式来呈现这一类现象，既避免了直接指出别人的缺点，又让村民在喜闻乐见的小品中深受启迪。(3) 小品内容设置机巧，既引人入胜，又发人深省，充分展现了民俗的强大功能，以及在规制恶习过程中行动过程理论对人们心理的积极引导作用。

具体分析如下：

第一，小品一开始极力展现懒汉的各种恶习。从“穷且懒，还酗酒……”到脱贫“像不关自己的事一样，天天在那里‘等、靠、要’。睡觉睡到日上三竿还不起床,即使起床了也不做事,尽是喝酒”。(行动过程理论的第一步:懒汉没意识到自己的问题。)

第二,扶贫干部想尽一切办法帮懒汉改掉恶习,助其脱贫,但懒汉毫不在乎,根本没有改掉恶习、发家致富的想法。从“扶贫干部整天围着他转,帮其脱贫……”到“扶贫干部气得在他家无奈地走来走去”。(行动过程理论的第二步:扶贫干部发现了懒汉的问题,但懒汉没有主观参与解决问题的意识。)

第三,扶贫干部采用了一个非常规的办法,即利用民间“男大当婚,女大当嫁”的习俗,以为懒汉找媳妇为名,达到激发懒汉认识自己懒惰恶习的目的。从“突然,他灵机一动,说……”到“你看我这都快四十岁的人了,连个老婆都没有,你就帮帮我吧”。(行动过程理论的第三步:懒汉意识到自己的问题。)

第四,扶贫干部对懒汉的反复试探可以说是用行动过程理论规正懒汉行为、展现其心理变化的现场表演。从“你这么懒,谁敢嫁给你啊”……到“说了不喝就不喝了,以后再好的酒也不喝”。(行动过程理论的第四步:懒汉决定行动,改掉懒惰恶习,但自制力不足,处于考验期,用行为体现心理变化的过程。)

第五,在懒汉已决定改掉恶习的基础上,扶贫干部又把人生仪礼民俗的功能发挥到了极致,使懒汉改掉懒惰恶习、发家致富的信念更加坚定。从“扶贫干部看出懒汉的决心,说……”到小品结尾。(行动过程理论的第五步:暖心的帮扶使懒汉坚定信念,果断采取行动,以解决问题。)

7. 结案与反思

小品《懒汉脱贫》的演出让村民在享受经典文化盛宴的同时也深受启

迪，无论是从当时的演出效果还是从之后村民的行为改变上来看，都取得了巨大成功。直至现在，当社工电话回访时，还有村民说《懒汉脱贫》给了他们深刻的启示。下面对小品《懒汉脱贫》所包含的方法、思想和内涵进行阐述。

首先，社工放大了懒惰恶习的一些经典生活动作，并以夸张的形式呈现，使表演诙谐幽默，令人捧腹。例如，在呈现懒汉的懒惰恶习时，展现了他日上三竿不起床，起来了也是继续喝酒，喝完酒又倒头继续睡等。

其次，小品对民俗中人生仪礼的功能进行了竭力挖掘。“人生仪礼是指人在一生中几个重要环节上所经过的具有一定仪式的行为过程，主要包括诞生礼、成年礼、婚礼和葬礼。”①“人生仪礼是社会民俗事象的重要组成部分……集中体现了在不同社会和民俗文化类型中的生命周期观和生命价值观。”②社工把人生仪礼中的婚礼和诞生礼进行了融合，设计了以帮懒汉找对象为由的恶习拐点考验和为他庆祝生日的动人场面，取得了良好的效果。

再次，为懒汉庆祝生日使帮扶工作达到了高潮，通过扶心达到扶志的目的，很好地诠释了“生日”这一民俗事象的意义——在生日这天要感谢父母的养育之恩。其实懒汉一直将父母的养育之恩铭记于心，时隔多年，扶贫干部为他过生日彻底激起了他重新做人的决心。因为只有改掉自己的恶习，严格要求自己，努力发家致富，才不会给去世的父母丢脸。

总之，小品《懒汉扶贫》充分运用民俗文化的正功能促使懒汉改掉恶习，将扶贫、扶心、扶志的行为和理念于舞台上进行了成功展现。

---

① 钟敬文：《民俗学概论》，上海文艺出版社 2009 年版，第 156 页。
② 同上。

（三）地方传统文化的DNA：《斑鸠调》《山歌串烧》《马前托孤》

1. 需求调查

社工在调查中发现，E村文体娱乐活动缺乏，村民精神空虚是普遍现象。然而，C县是著名的山歌之乡和将军县，包括E村村民在内的很多村民都能唱上一两首山歌，讲上一两个红军故事。调查显示，村里能人其实挺多的，这为举办文艺晚会奠定了广泛的群众基础。

2. 接案

扶贫先扶志，扶志先扶心。为了走进村民心里，需求调查后社工认为，举办一场以村民为主角的文艺晚会是非常有效的方式。于是，为了丰富村民的文体娱乐生活，施展其才艺，融洽其情感，增强其自信心、集体参与意识和主人翁意识，当然，也为发挥前文提到的小品《懒汉脱贫》的舞台效应，社工决定组织和策划一场文艺晚会。

3. 预估

首先，在必要性方面，E村有举办一场文艺晚会以活跃全村氛围的迫切需要。其次，在可能性方面，村里有各种能人，项目社工和县里的志愿者也都多才多艺，且得到了县领导、乡干部和村委会的支持，这些都决定了晚会能够成功举办。最后，在项目推进方面，个案服务和小组服务工作接触的还只是村里的一小部分人，虽然这让社工在村里有了良好的群众基础，但帮扶应在全村、全乡甚至全县产生示范性效益，因此，一场全村人参加的晚会对完成项目使命而言显得十分必要。

4. 计划

晚会计划于2018年8月30日晚7:00在村委会门口的广场上举行。晚会举行前首先要动员村民积极参加，准备好声光乐器等；其次是确定导演，对节目进行主题一致的策划、筛选和编排等；再次是督促有节目表演的村民排练好自己的节目，指导主持人串联好所有的节目，同时与乡、村两级干部商定晚会的后勤保障和现场秩序维护等事宜；最后是邀请学校和县领导届时莅临晚会现场。

5. 介入

通过各方的努力，2018 年 8 月 30 日晚 7:00，E 村首届“村晚”如期举行。晚会节目共有 16 个，根据本章案例研究需要，这里选取其中 3 个经典节目进行呈现，它们分别是二胡独奏《斑鸠调》、歌曲《山歌串烧》和红色情景剧《马前托孤》。

着手准备时，社工计划设置 13 个节目，没想到村民的参与热情很高，报名参加的节目有 32 个。这么多节目，怎么筛选？在筛选过程中既要不挫伤村民的积极性，又要保证节目的质量——毕竟，社工还请了县文化广电新闻出版旅游局进行现场直播。于是社工进行了一次预演并让村民在现场观看，然后让他们自己决定选哪些节目。预演过后，还有 21 个节目。这时，社工做了一个折中的处理，将一些同类型节目以串烧形式进行表演，并在原计划的基础上增加了 3 个节目。村民们欣然接受了这一处理方式，并对节目进行了较好的编排。

这 16 个节目在表演时把晚会气氛推得一浪高过一浪，其中，二胡独奏《斑鸠调》技压全场，歌曲《山歌串烧》惊艳全场，红色情景剧《马前托孤》感动全场，赢得观众的阵阵掌声。

《斑鸠调》村民们都能哼几句，但大多不能唱完整，这次陈大爷以二胡独奏的形式将其展示给村民们，引起了大家的共鸣。村民们都沉浸在这一优美的旋律中，以至于演奏结束后的好长一段时间内，全场都还鸦雀无声，当村民们从余音绕梁中回过神，则报以雷鸣般的掌声，足见村民们对这一曲调的喜爱程度。

歌曲《山歌串烧》亦是如此。参与表演的村民将《打支山歌过横排》《送郎调》《绣褡裢》《郎盘妹，妹驳郎》《船到滩头水自开》《配成一对结公婆》《扶贫新娘》《艳阳天》这8首山歌串在一起，歌声里蹦着欢笑，欢笑里带着情义，情义里透着诙谐，诙谐里含着幽默，幽默里闪着智慧，智慧里藏着幸福。

红色情景剧《马前托孤》讲述的是革命烈士李美群的感人故事。故事内容大体如下。

李美群（1911—1936年），C县城郊塘头村人，17岁参加兴国暴动，19岁加入中国共产党，先后担任中共C县委妇女部部长、中共江西省委组织部部长、江西省委妇女部部长等职。1934年1月22日至2月1日，在中华苏维埃第二次全国代表大会上，她被推选为中华苏维埃共和国中央执行委员会候补委员。她经常冒着敌人的炮火，赴前线给红军送茶水，救伤员，组织运输队为红军运送弹药和物资。在“扩红”方面，她则积极动员自己的丈夫和作为家中独子的弟弟去当红军。这一模范事迹感染了很多人，C县很快掀起“父送子、妻送郎、兄弟争先上前方”的参军高潮，全县80%的青壮年当了红军，先后有9.3万人参军参战，C县也因此被评为“扩红”模范县。

1934年1月15日，李美群在C县坝南村生下了一个女孩，取名钟全列。生下女儿的第三天，她就拖着虚弱的身体赶赴瑞金沙洲坝参加中华苏维埃第二次全国代表大会。会后，李美群顾不得回C县照看刚出生的女儿，直接去了江西省委驻地宁都，投入反“围剿”战争中。同年10月中旬，国民党军进攻C县城，她利用支前参战的间隙，回家看望孩子。可刚回到家，她就接到省委的命令，要她立即返回宁都，接受新的战斗任务。

李美群深知，前方战事危急，就算自己再困难，也不能影响党组织交给自己的任务。可是如果自己走了，幼小的女儿又该托付给谁？战火纷飞的年代不允许李美群做过多的思考，她“扑通”一声跪在婆婆面前，说：“妈，美群不孝，孩子就托付给您了！”当她翻身上马的那一刻，泪水夺眶而出，她多想再下马给孩子喂口奶，多想再亲亲孩子的小脸蛋。然而远处传来的枪声、嘶鸣的战马声都在催促她重上战场。她狠心地在马背上抽了一鞭疾驰而去。当她回首再望时，婆婆和女儿的身影已越来越小，李美群心如刀绞。她很清楚，在当时极其凶险的斗争环境里，母女俩这样的离别意味着什么。可是革命要成功，必须有人做出牺牲。自加入中国共产党的那天起，李美群就已经做好了献出一切的准备。

与女儿分别后，李美群又全身心地投入革命一线。中央红军主力出发长征后，身为中央候补执行委员的李美群服从党的安排，同时任江西省委书记曾山等同志一起留了下来，继续带领游击队在崇山峻岭之间与敌人展开游击斗争。后来局势越来越危急，省委决定让主要领导各带一支小分队分散突围。李美群带领一支近百人的游击队在宁都北段山区与敌人周旋两个多月，最后弹尽粮绝，受伤被俘。

由于叛徒的出卖，李美群的真实身份被暴露，敌人把她作为重要的政治犯押送至监狱。在狱中，无论是面对敌人的威逼利诱，还是种种酷刑，李美群始终坚贞不屈，保持共产党人的高昂斗志，与敌人进行顽强的斗争。

1936 年春天，受尽折磨的李美群在狱中病逝，时年 25 岁。

情景剧结束。

6. 评估

晚会的这 3 个节目其实是对地方传统文化 DNA 的内涵及其功能的挖掘，是对村民心理期待的满足。其成功主要得益于以下 5 个方面。

（1）社工在需求调查时发现，山歌之乡和将军故里的地方文化传统于潜意识中规范着村民整体的社会心理和行为。这种规范性使村民在理想与现实之间产生强烈对比，即理想中文体活动应相当丰富，而现实中大家都因生计而严重忽视了它。一场提振全村村民精气神的文艺晚会成为大家的期望。

（2）这 3 个节目都是挖掘地方传统文化的结果。这种将地方传统文化融入现代舞台表演艺术的方式将传统与现实进行了无缝对接，使温情的文化焕发出绚丽的光彩，极大地满足了村民的心理期待。

（3）江西民歌《斑鸠调》是 B 市的一首民间代表性歌曲，它以灵动跳跃的节奏、优美动听的旋律和真切生动的歌词受到人们的喜爱并广泛流传于江西乃至全国各地。① 它首先创作和流传于 B 市，是 B 市客家采茶歌曲的一首代表作，后演变成当地节日歌舞活动中的一种传统“灯歌”。其曲调欢快、活跃，可演唱，可吹拉，因为歌词头一段以“斑鸠鸟”为引题，所以称《斑鸠调》。这次晚会上，76 岁的陈大爷以二胡独奏的形式为大家演奏《斑鸠调》，他以高超的技艺将观众带入余音绕梁的意境。

（4）C 县山歌根植于客家文化的深厚土壤，历史悠久。C 县山歌起初是

① 路璐：《浅析江西民歌的风格特征——以〈斑鸠调〉为例》，载《美与时代（城市）》2013 年第 6 期。

秦朝末年为造阿房宫而来 C 县上洛山伐木的木工所吟唱的，后来在历史的跌宕中传承发展，演变成现在生动活泼、形式多样、内容丰富、生活气息浓郁的山歌。C 县山歌就其形式而言，有独唱、对唱、三打铁、联唱、轮唱等形式，有锁歌、盘歌、斗歌、猜花、绣褡裢、藤缠树、树缠藤等种类；就其内容而言，有历史故事、民间传说、长篇叙事、时政新闻、即兴编唱等。这次晚会上村民演唱了 8 首，其中前 6 首是 C 县山歌的经典之作，后 2 首是为脱贫攻坚提振信心而创作的优秀作品。台上的演唱引起了台下观众的共鸣，他们不由自主地跟着唱了起来。

(5) C 县是著名的苏区模范县和将军县。第二次国内革命战争时期，包括毛泽东、朱德、周恩来、陈毅等在内的无产阶级革命家大部分都在 C 县工作和战斗过。同时，C 县还是第三次、第四次、第五次反“围剿”战争的主战场，为国捐躯的有名有姓的烈士就达 23 179 名。这一切使 C 县拥有丰富的红色资源，各乡、各村都有很多红色故事有待挖掘。考虑到故事的典型性，本次情景剧表演的是经典故事《马前托孤》。其情节深深感动了台下的村民。

7. 结案与反思

整场晚会演出非常成功，特别是《斑鸠调》《山歌串烧》《马前托孤》这 3 个节目，使地方传统文化的正能量得到了最大限度的释放。

《斑鸠调》和 C 县山歌都是村民耳熟能详的曲调和情感抒发的方式，他们也许唱不全，但都能哼上两句；红色故事《马前托孤》则是融进了当地历史和老百姓生活的真实事件。这些都成为深入当地老百姓骨髓的传统文化，成为地方传统文化的 DNA。

社工将这些文化事象进行舞台呈现，让村民享受美好、享受传统、享受记忆、享受经典，让他们珍视祖祖辈辈传承下来的优秀文化，增强他们作为C县E村人的自信。这种自信一旦建立起来，就能成为村民迅速自强、发家致富、建设家乡的内在动力。

五、成效

（一）路径和方法

社工是从E村村民熟知的民俗入手在E村开展服务的，通过民俗让村民感受生活、体验生活、理解生活、享受生活，同时也通过民俗发现和解决村民遇到的一些问题。民俗学实践范式的运用让社工找到了一条亲近当地村民的坦途，行动过程理论的运用在让社工取得较好工作效果的同时，也逐渐增强了村民的集体参与意识。

（二）评估

本项目对个案、小组服务工作的评估采取的是抽样—对比法，对社区工作即村民整体思想和行为改变的评估采取的是道别、点播、回访三种方法。

1. 抽样—对比法

抽样—对比法是在第二次社区活动中使用的。第二次社区活动于2018年10月17日上午举行，是为传承红色基因而开展的“将军故里将军故事演讲比赛”。参赛选手为村里F、G两所小学的学生。社工抽取了前期接受帮扶的26名学生①（其中，个案服务10人，小组服务16人）作为评估对

① 个案和小组服务实际共帮扶了31名学生，其中有4名是初中生、1名是高中生，因此本次抽样未抽取他们。

象，对他们接受帮扶前后的变化进行对比，以评估前期工作的效果。为此，社工要求两校学生积极参赛，但规定前期接受帮扶的学生必须参赛，目的是检查他们的行为变化情况。通过社工前期的努力，服务对象在比赛中表现得落落大方，有几个还获得了比赛奖项。这与社工刚到时他们的胆小、怕生、自闭或调皮捣蛋、顽劣等相比，有了明显的改变，说明社工的帮扶是成功的。

2. 道别、点播和回访

社工通过道别、点播和回访的方式来判断社区活动（文艺晚会）是否给村民带来了思想和行为上的改变。道别具有明显的民俗仪式性，所以属于民俗学的实践方式，点播和回访则是为了将现代多媒体和信息技术运用于评估而做的有益探索。

当项目完成时，社工到村里跟村民道别。在和贫困户的聊天中，社工明显能够听出他们对未来较有信心了。社工原本打算走访完 12 户定点帮扶对象就离开，但当社工在一户贫困户家中聊天时，附近几户村民见社工来了，也都到这户人家来一起聊天。当社工从一户走到另一户时，他们也都跟着，这样一户户下来，到最后一户聊完离村时，几乎大半个村的人都来给社工送行了。社工上车了，村民们才依依不舍地与社工挥手道别。这种场景按一位村干部的话说："以前从来没有过，也许真是 80 多年前送红军场景的再现！"此外，C 县文化广电新闻出版旅游局对这场文艺晚会进行了全程直播，且视频一直放在网上，截至 2020 年 1 月，超过 71.66 万人进行了点播，点赞和跟帖更是大有人在。之后，社工不时对村民进行电话回访，从村民的话语中社工能感觉到，这次帮扶一直给他们以激励，他们作为 E 村人的凝聚力和自豪感明显增强了。可以说，社工撒播的种子正在当地生根、发芽并茁壮成长。

六、反思与建议

近代以降，我国在现代化的进程中落后于西方，这导致目前为止我国人文社会科学的一些领域仍需要学习、借鉴西方的理论。客观地说，这种状态助长了西方学术“殖民”的气焰。当然，我们不是说不需要吸收西方的先进文化(包括各种理论)，而是说在吸收的过程中应坚持以我为主，切忌盲目照搬。特别需要注意的是，我们在对西方理论学习、吸收、运用、反思的过程中，要根据我国实际总结出适合我们自己的理论。下面就民俗学介入社会工作的优势、特点、挑战、解决路径 4 个方面进行阐述。

(一) 优势：民俗是老百姓的心声

中华文明源远流长，一个地方的文化经过千百年的沉淀已成为当地民众生活的一部分，融入当地民众的骨髓和血液中。民俗是人们生活的一部分，但不是所有生活都是民俗。究其原因，民俗是地方文化历经千百年锤炼的结果，是地方民众智慧的结晶，是老百姓心声的表达。一种理论只有在实践的过程中充分体现民众智慧，传达民众心声，并与先进技术和前沿理念相结合，才是真正符合中国特色社会工作的专业理论。

(二) 特点：民俗学的实践范式是学科理论的检验场

民俗是民众共同创造和遵守的行为规范，是民众心里的一种共同认可。这种认可具有双重引向，既要求实践以民众满意为标准，又要求从实践中总结出来的理论以民众满意为最高标准。民俗学的实践范式以主体性的需求为理论建构导向。这里所说的主体并非指超越国界的一般性公民含义，而是专指我国民众，所以主体性需求就是指我国民众的需求。要想懂得我国民众的情感、心理、特性等，就要将理论构建扎根于本土，从本土的实际工作中去总结。更何况，“中国社会科学是融入以美国为首的西方社会科学中去，还是建设基于具体化的中国经验与结构化的中国实践的社会科学体系，成为决定中国社会科学研究方向的重大问题”①。因此，民俗学的实践范式是社会工作学科理论的检验场。

（三）挑战：对民俗特性边界的把握

民俗具有“稳定性和变异性”②、多样性和特殊性。民俗具有相对稳定性，这使千百年沉淀下来的良俗得以传承，并成为地方社会稳定的基石。然而，这种稳定性并非一成不变，由于民俗是千百年来经验的积淀，因而其变异性倒更是天然的。稳定性和变异性是一对矛盾的统一体。变异性要求我们考察民俗的演变史、引起演变发生的条件、演变成什么样子、如何发挥其正能量、如何限制其负面影响等，同时也要求我们必须具备深厚的民俗学知识，以挖掘其内涵、研究其功能、限制其负面影响、发挥其正能量。

民俗的多样性和特殊性是指我国地大物博，民族、族群众多，形成了截然不同的地方传统民俗文化。这些民俗文化既相对独立，又互相交流，使各地民俗文化呈丰富多彩之势。而在这众多民俗文化中，就某地某一具体的民俗事象而言，其又具有特殊的文化内涵。这使得民俗就总体而言呈现多样性，就某一具体的民俗事象而言具有特殊性。

---

① 贺雪峰：《本土化与主体性：中国社会科学研究的方向——兼与谢宇教授商榷》，载《探索与争鸣》2020 年第 1 期。

② 钟敬文：《民俗学概论》，上海文艺出版社 2009 年版，第 17 页。

对民俗以上特性边界的把握成为民俗学介入社会工作的挑战。

(四)解决路径:民俗谱系跨越性的存在是资源链接的源泉

民俗文化是民众在长期的生产和社会实践中创造的语言和行为模式,这使得民俗文化的类型性和谱系性特别突出。民俗文化的类型性可以满足民众集体的社会心理需求。这种需求通过一定渠道形成社会舆论,引起政府重视,从而形成自下而上与自上而下相统一的良性联动,使社会各项事业良性发展。各行各业的良性发展又衍生出民俗的谱系性。田兆元等指出,谱系的“核心是互动性……谱系性存在于互动性中……形成各种类型的谱系,有空间的谱系、族群的谱系、内在的结构谱系,也有内部的权力谱系。谱系是一个跨越性的存在”①。可见,民俗谱系不仅涵盖某一民俗文化的全部内涵,而且其外延在互动的过程中得到不断拓展,成为与各方面相互关联的跨越性存在。这种发散式的跨越性存在所具有的能量则是难以想象的,无论在哪一个点上“开花”,都可能成为政治、经济、文化等社会各项事业发展的一个新的增长点。扶贫先扶心,扶心先扶志,扶志先扶智,扶智先扶业,在扶贫过程中引导民众互动,挖掘当地民俗谱系中各种跨越性的存在,将潜在资源转化为现行能量,何愁贫不能脱?

七、结语

民俗文化在我国源远流长,且能“引领社会经济的发展,在政治生活、经

① 田兆元、林美容、游红霞:《田兆元、林美容对话:文化圈与信仰谱系——海峡两岸民间信仰的比较研究》,载《民间文化论坛》2017年第4期。

济生活和文化生活中都非常重要”[①]。社会工作的介入就是让人做出改变，从而卓有成效地解决问题。然而，改变是困难的，让人乐于接受改变是社会工作持续发展的重要一环。民俗习而不察，用而不知，能在潜移默化中将民众带入“生活的华彩乐章”[②]。因此，从我国传统民俗文化入手开展反贫困工作，是中国特色社会工作必不可少的一个方面。

本章以民俗文化的三个面向（良俗、恶习、地方传统文化的DNA）为出发点和落脚点，将民俗学的本土实践与西方行动过程理论相结合，通过3个一一对应的典型案例阐释民俗文化各面向的正能量，深刻揭示我国优秀传统民俗文化蕴含的中国智慧，论述民俗学介入社会工作的方法与路径，展示传统民俗文化在我国反贫困过程中所发挥的不可替代的积极作用。将民俗学的实践范式引入社会工作（不仅限于反贫困领域）进行实务框架和理论模式的探索，是中国本土社会工作理论产出过程中应特别注意的一个方面。

① 田兆元、吴玉萍：《民俗是提升日常生活境界的文化精华——华东师范大学田兆元教授访谈》，载《四川戏剧》2017年第8期。

② 同上。

第二章　贫困农村社区老年自组织培育的实践案例[①]

一、引言

近年来，经济的飞速发展和城市对于劳动力的需求使得大量农村人口向城市暂时性迁移。迁移的人口以农村青壮年劳动力为主，因此农村出现了大量留守老人。我国目前已经进入老龄化社会，老年人口数量庞大。相对于城市老年人拥有较完善的社会保障和养老保障而言，农村老年人面临着物质生活水平较低、劳动负担重和精神生活普遍“孤寂化”[②]等困境。如何让农村老年人实现老有所依、老有所乐，是当前我国亟待解决的问题。此外，在我国脱贫攻坚战取得全面胜利之前，贫困问题仍然困扰着我国部分偏远山区。在这一背景下，注重社会调查，以帮扶弱势群体、服务地方社会为使命的社会工作专业人才在打赢脱贫攻坚战、关注农村留守老人等方面能

① 本章内容为四川外国语大学 2017 年度科研项目“社会性别视角下陪读妈妈的选择与生活研究”(项目编号：sisu201770)的部分成果。

② 吴晓林：《农村留守老人的“公共性”问题与“自养化”生存研究》，载《天府新论》2012 年第 4 期。

发挥重要作用。2017 年,《民政部 财政部 国务院扶贫办关于支持社会工作专业力量参与脱贫攻坚的指导意见》中指出:"坚持群众主体、助人自助,发挥社会工作专业人才组织协调、资源链接、宣传倡导的优势,激发贫困群众的内生动力,帮助贫困群众建立健全社会支持系统,支持贫困群众提升自我脱贫、自我发展能力。"社会工作注重激发贫困地区的内生动力,唤起居民的公共意识和社区参与意识,是助力精准扶贫的重要力量。

党的十九大报告在加强和创新社会治理领域,提出要建立共建共治共享的社会治理格局。社会治理强调社会各方以共同参与、理性协商的方式处理社会问题,是一个不断构建和积累包容、尊重、友好、合作等积极元素的过程。社会组织(包括社区内生自组织)在了解民众需求、提供社会服务、化解社会冲突等方面发挥着重要作用。引导、培育社区内生自组织,对于实现创新社会治理而言是必不可少的。因此,针对农村老年人口数量多、精神生活匮乏的现状,社会工作从建立社区老年组织入手,培育社区共同体,实现农村社区治理。"组织是通向政治权力之路"①,组织化参与是较有效的利益表达和参与路径。故本章基于重庆市城口县②扶贫济困社会工作项目,着力研究贫困农村地区社区老年自组织的培育过程。

二、理论与研究方法

(一) 理论与相关概念

1. 自组织理论

自组织这个概念由康德(Kant)第一次提出,之后学术界对此有过相关

① [美] 塞缪尔·P. 亨廷顿:《变化社会中的政治秩序》,王冠华、刘为等译,生活·读书·新知三联书店 1989 年版,第 427 页。
② 城口县于 2020 年 2 月 22 日退出贫困县序列。

方面的界定。普里果金(Prigogine)将“自组织”表述为自发出现或形成有序结构的过程,因此,“自组织系统是指无须外界特定指令而能自行组织、自行创生、自行演化,能够自主地从无序走向有序,形成有结构的系统”①。清华大学的罗家德教授认为,自组织是相对于他组织而言的,即一群人基于自愿原则主动结合在一起。他认为自组织具有如下特征:(1) 一群人由于关系与信任而自愿地结合在一起;(2) 已经结合的群体产生集体行动的需要;(3) 为了管理集体行动而自己制定规则、实施自我治理。②

在社会工作实践中,社区组织是基于地域、共同利益或共同关注的焦点,在外力协助下或自发形成的团体③,这与自组织的观点不谋而合。故本章涉及的社区自组织是指基于社区居民尤其是老年人的共同需要,在社工的协助和推动下,由社区老年人自愿结合在一起,并实施自我管理的组织。

2. 积极老龄观

习近平总书记在中共中央政治局第三十二次集体学习时强调:“积极看待老龄社会,积极看待老年人和老年生活,老年是人的生命的重要阶段,是仍然可以有作为、有进步、有快乐的重要人生阶段。”④积极老龄观强调,社会要积极看待老年人和老年生活,老年人自身不仅要保持身心健康,而且作为家庭和社会的重要资源,要融入社会并参与社会发展。⑤ 故本章立足于积极

① Hermann Haken, *Information and Self-Organization: A Macroscopic Approach to Complex Systems* (Berlin: Springer-Verlag, 1988).

② 李智超、罗家德:《透过社会网观点看本土管理理论》,载《管理学报》2011 年第 12 期。

③ 冯国坚、朱昌熙:《社区组织》,香港中文大学出版社 1998 年版,第 22 页。

④ 习近平:《在中共中央政治局第三十二次集体学习时强调:党委领导政府主导社会参与全民行动　推动老龄事业全面协调可持续发展》,《人民日报》2016 年 5 月 29 日第 1 版。

⑤ 牟新渝、董彭滔:《新常态下的积极老龄观》,载《中国老年学杂志》2017 年第 7 期。

老龄观，将老年人视为社会发展的重要资源，同时通过社区老年自组织的培育，带动贫困农村地区老年人的社区融入和社区参与，提升他们的生活质量，让他们更有价值、更有尊严地度过晚年。

（二）研究方法

本章案例研究主要采用行动研究范式，即“行动者对自我，对自我所处之社会位置、情境、社会经济政治的环境结构，对自己在某一社会情境下的行动或实践，以及/或对自己行动和实践所产生的影响进行的自主性研究”①。本章案例撰写者曾在贫困乡村开展超过两年的反贫困社会工作，开展服务的同时也对自己的行动及扶贫实践产生的影响进行了自主研究，进而探索什么样的社会工作服务可以给贫困乡村带来有效的改变，实现社会工作助力精准扶贫。因而，在此过程中，本章案例撰写既是研究者，也是实践者。

本章以重庆 X 村的反贫困社会工作项目为依托，对项目实施过程中社会工作培育农村社区自组织——“心时代”老年学堂的完整过程进行行动研究。在资料的收集方面，主要采用如下三种方式：(1) 以需求调查的形式入户走访村民，在前期将近一个月的时间里，社工以问卷调查、访谈的方式对近 60 户家庭进行走访，访谈 100 余人次，重点调查村民的个人与家庭情况、对政策的了解与支持情况、旅游参与情况以及面临的困难等。(2) 与村干部等有关人员交流，了解 X 村的基本情况，包括 X 村的历史、地理位置、人员构成、社区资源、社区问题等，初步开展社区分析。(3) 案例撰写者以项目主管的身份进行参与式观察，在项目实施的一年时间里驻扎 X 村，与当地村民同

① 古学斌：《道德的重量：论行动研究与社会工作实践》，载《中国农业大学学报(社会科学版)》2017 年第 3 期。

吃、同住、同劳动,进而深入村民的生活环境,对其日常活动进行观察。

三、社会工作介入X村老年自组织培育的实践过程

(一) 项目缘起与背景

在精准扶贫背景下,为了响应中央组织部、教育部、科技部、民政部等多个部门共同印发的《边远贫困地区、边疆民族地区和革命老区人才支持计划实施方案》的号召,根据重庆市民政局《关于公布重庆市2016年边远贫困地区、边疆民族地区和革命老区社会工作专业人才支持计划项目派出单位及选派与培养人员名单的通知》,2016年,四川外国语大学社会与法学院以重庆扬光社会工作服务中心为依托,成立了由专业教师、专职社工和学生组成的服务团队,深入重庆市城口县的复兴街道和柿坪村实施"三区"人才计划项目,开展社会工作助力脱贫攻坚服务。

经过一年的努力,服务成效明显。之后,在重庆市民政局和城口县民政局的指导下,社工团队来到更加贫困的河鱼乡X村开展服务。在深入调研的基础上,社工团队制订了详细、扎实的社会工作项目服务计划。服务主要立足于河鱼乡X村的需求与发展,积极整合资源,以专业的理论、方法、技术和人才队伍为保障,开展"造血式"智力扶贫,改善当地村民生活,促进社区整体发展。由于X村青壮年长期外出务工,村中的常住群体为留守老人,但老人们普遍存在不被外界重视、日常生活枯燥乏味、自我价值感低等问题。故项目的主要目标之一是关注村中的留守老人,建立老年小组,并进一步培育社区老年自组织,促进老年群体的自助与互助。在积极老龄观的指导下,社工将老年群体视为农村社区的重要资源,以X村"心时代"老年学堂的建

立为契机，开展老年群体组织工作，为村中留守老人提供老有所乐、老有所学和老有所用的机会，进而提升他们的生活质量。

之所以选择河鱼乡 X 村作为此次项目的实施点，一方面是因为社工前期深入访谈了对脱贫攻坚工作比较了解的县民政局工作人员、驻村扶贫工作队及各个村的村干部，他们一致认为河鱼乡 X 村的需求与社工的服务方向非常契合；另一方面是因为社工通过实地走访了解到，X 村贫困状况较严重，“三留守”问题，尤其是留守老人问题比其他村落更加突出，村中留守老人有丰富晚年生活、增强自我价值感、提升生活质量的需求，但 X 村却没有相关协助措施。因而，2017 年，在县民政局和河鱼乡乡政府的支持下，社工团队尝试在 X 村培育社区老年自组织，希望尽可能把村里的留守老人组织起来，促进他们的发展，并通过老人的集体力量带动社区发展。

（二）村落概况与需求分析

1. 村落概况

X 村是一个行政村，位于河鱼乡北部，距河鱼乡场镇 3 千米，下辖 10 个村民小组，共 433 户，总人数为 1 353 人。其地形为山地，村民沿河居住，大部分人口分布在河道两岸，少部分人分散居住。受到退耕还林政策影响，X 村的耕地面积为 1 810 亩，人均耕地面积为不足 1.5 亩，林地面积为 23 352 亩。村中剩余劳动力丰富，加之交通不便，村民创收方式与创收能力有限，很多人选择外出务工，导致村中出现大量留守儿童、留守妇女与留守老人。X 村经济发展水平相对滞后，贫困人口较多，共有低保户 17 户、70 人，五保供养 14 人，建卡贫困户 52 户、193 人。①

---

① “村落概况”中的数据统计截止时间为 2018 年。

2. 社区优势

(1) 村民包容度高,对社工接纳度高。X村民风淳朴,保留了热情好客、善良、乐于助人的传统美德,对外来群体接纳度、包容度较高。在前期需求调查过程中,虽然是第一次交流,但是到饭点时经常有村民邀请社工在其家中一起吃饭。此外,在社工进行专业知识宣传时,村民虽然不了解社工,但都较认同社工的理念,愿意学习新知识与新思想,对后期开展的活动比较感兴趣,参与意愿较强。

(2) 乡镇干部大力支持,提供相关保障。社区的接纳是社工开展服务的重要条件,社工在入驻X村的过程中,首先就得到了乡镇干部的接纳。乡镇干部对社工的入驻表示非常欢迎,同时为社工安排住宿、饮食、办公场所等后勤事宜,并与村委联系,要求其对社工的工作予以支持和配合。这些都为社工在X村的服务奠定了良好的基础。

(3) 农耕文化浓厚,老年人是农耕文化主要传播者。X村是传统的农耕村落,农耕文化浓厚,知名度较高。已有较完备的农耕文化学习场所,包括农耕博物馆、农耕文化广场和农耕文化体验园等硬件设施,每年都有一些慕名而来的游客学习、体验农耕文化。由于绝大部分青壮年都外出务工,村中进行农耕活动的主要是老年人。同时,老年人对村中农耕文化的发源、农耕故事的讲述、农耕器具的使用也非常清楚,是农耕文化的主要传播者。

(4) 老年人群体中社区骨干力量和能工巧匠较多。X村的老年人群体中潜藏着文化精英、经济精英、社会精英等人才,如退休农技人员、退休教师、基层工作人员、产业养殖脱贫大户、刺绣达人、藤椅编制巧匠等。这为乡村社区治理提供了充足的人力保障。

3. 村中老年人的困境与需求

社工在前期调查中发现，X 村中留守老人较多，年龄段主要集中在 60～70 岁，文化程度普遍较低，文盲所占比例为 57%。具体而言，X 村老年人主要存在如下困境。

(1) 身体状况不佳，医疗信息匮乏。大部分留守老人患有关节炎、风湿、骨质增生、胃病等疾病，身体状况不佳，有长期的药物治疗需求。但由于对医疗政策了解较少，信息匮乏，加上受交通条件及身体状况的影响，多数留守老人无法享受到相应的医疗报销政策。同时，由于自身文化水平有限，他们对老年保健知识也知之甚少。

(2) 情感关怀缺失，社会支持网络薄弱。X 村地处偏远地区，且交通不便，这导致村中留守老人的社会交往缺乏。大部分老年人的子女在外省务工，距离家乡较远，仅在春节回家，老年人情感关怀缺失。此外，在老年人遇到困难时，能够帮助他们的只有周围的邻居，家庭、社区、社会等层面的社会支持网络非常薄弱。

(3) 缺少学习知识和培养兴趣爱好的渠道，生活较枯燥乏味。调查发现，虽然绝大部分老年人仍然从事农业劳动，但劳动时间短、强度较小，因而空余时间较多，农闲时更甚。在空余时间里，老年人基本独自在家活动，虽然有学习新知识的意愿，但没有学习的渠道和平台，日常生活较单调无聊。

(4) 文化程度较高的老年人的优势未得到发挥，无法实现自身价值。X 村有小部分老年人的文化程度较高，不仅具备丰富的文化知识，还有一定的文艺特长。但由于缺少平台，这部分老年人处于“英雄无用武之地”的状态，自身价值没有得到很好的体现。

基于X村老年人的现况，社工团队开展了“心时代”老年学堂的培育服务，发掘老年人的能力，孵化老年组织，促进老年人实现积极老龄化。具体来说，就是将村里的公共空间作为活动场地，组建X村老年小组，将老年群体聚集起来，以举办周期固定的老年活动。在小组成员相对固定之后，筛选小组骨干，建立规范，逐渐向社区自组织发展。社区自组织的培育过程一方面满足了村里老年群体改善精神生活的需求，实现了老有所乐、老有所为；另一方面推动了老年人以组织的形式参与本村公共活动，促进了老年人的社区参与，增强了社区活力。

（三）社会工作介入下的X村老年自组织培育

根据罗家德等的研究，社区自组织的进程包括人群聚集、产生小团体、产生内部认同、形成共同目标、形成团体规则①，X村社区老年自组织的建立也遵循这样的规律。此外，积极老龄观倡导把老年期当作“有作为、有进步、有快乐”生命周期的阶段②，故社工在培育社区老年自组织的同时，也在践行积极的老龄观。

1. 开展破冰活动，凝聚社区老年群体

社工在前期调研中发现，村中老年人平时精神生活较匮乏，缺少基本的社会交往和社区参与。同时，村中老年人虽多，但相互之间的交流并不多，农闲时基本是在家自娱自乐，这与当下积极老龄观所倡导的老年人社区参与相去甚远。故社工在服务初期采取形式多样的破冰活动，将老年人吸引

---

① 罗家德、孙瑜、楚燕：《云村重建纪事：一次社区自组织实验的田野记录》，社会科学文献出版社2014年版，第55页。

② 牟新渝、董彭滔：《新常态下的积极老龄观》，载《中国老年学杂志》2017年第7期。

过来，起到了凝聚老年群体的作用。

第一次小组活动是互助小组发展的重要开端，考虑到老年人存在紧张、焦虑等情绪，社工设计了互助小组引入、能力取向的初步了解与发掘、参与意愿调查三大环节。在第一个环节里，社工通过“游走的小球”活动让枯燥乏味的自我介绍变得有趣。起初老人们都感到难为情，但随着小球的跳动以及社工的不断鼓励，老人们都纷纷参与到游戏中去并寻找志同道合的伙伴，活动室内氛围十分融洽。在随后的手指操环节，老人们对学习新事物充满热情，像孩子一样充满了活力，他们认真学习的模样给予了社工极大的鼓励。

在活动过程中，许多老年人表现出不自信，社工在与老年人互动时耐心引导他们，经常给予他们鼓励和赞扬，耐心了解每一位老年人的兴趣、过往经历以及对学堂未来发展的想法，同时给予惧怕参与活动的老年人个别指导。在互动过程中，社工发现了老人们的潜力与能动性，老人们也感受到了被尊重，同时也有了表达和展现自己的欲望。老人们在社工的引导下逐渐放松下来并主动参与活动，他们由最初的不安到结束时的欢乐，由彼此不太熟悉到攀肩合照，由拘谨到积极互动。

对于老人们而言，这种以个体的力量参与到集体活动中，获得主动表达自己的机会是他们非常看重的。有位老人在完成游戏后表示：“我太高兴了，以前都没有发现自己这么能干，我也是能够将一些事情做好的，也很久没有这种被尊重的感觉了。”

随后的几次活动也都根据老人们的需求和兴趣，投其所好，开展养生保健、唱红歌等方面的学习。有位老人在活动后说：“这种活动很好，我们很喜欢，下次搞活动时一定要提前跟我说，我还要来。”可见，老年自组织建设前期开展老年人感兴趣的活动，取得了良好的破冰效果，实现了凝聚社区老年群体的目的。

前期活动结束后的满意度评估结果显示，绝大部分老年人对老年学堂表现出了浓厚的兴趣，部分老年人还主动说出对老年学堂的想法，为老年学堂今后的发展提供了更多的思路。同时，社工通过小组活动引导老年人树立自尊、自立、自强的意识，愉悦其心情，进而实现了积极老龄化所倡导的“有快乐”①。

2. 培养骨干力量，进行组织初步建设

经过几次的破冰活动，村中老年人对老年学堂有了初步的认识和感受，并且每周的学习和交流逐渐步入常态化，所以社工组织成立了“心时代”老年学堂。由于该学堂仍然停留在小组的阶段，因而社工致力于学堂骨干成员的培养，进行老年组织的初步建设。

学堂成立之初，社工通过前期观察及村干部、老年人推荐等渠道，再次拜访村中的能人。在此过程中，社工重点挖掘村中老党员、退休干部和文艺骨干，以培养学堂骨干成员，最终成功发现村中隐藏的经济精英、文化精英、政治精英等。其中，年过七十、身体状况良好的空巢老人李爷爷就是重点培养的骨干之一。李爷爷是一名老党员，平时喜欢下棋、看电视、散步、看书和练字。他还坚持每天早起散步、做饭和干农活，同时坚持以看电视的方式来了解和关心国家大事。社工第一次探访李爷爷时发现他也很需要被认同、被尊重，也需要倾诉。在社工的多次动员和鼓励下，李爷爷主动来参加活

① 牟新渝、董彭滔：《新常态下的积极老龄观》，载《中国老年学杂志》2017 年第 7 期。

动，并认识了同是党员、志趣相投的赵婆婆和王爷爷。李爷爷也一直发挥其党员的模范带头作用，向学员们宣传党和国家新的政策和国内外新闻等，对于社工准备开展的活动也总是大力支持并鼓励和动员其他老年人参加，为社工组织活动提供了很多帮助。凭借书法、下棋的技能和党员的模范作用，在社工的鼓励和协助下，李爷爷成了学堂中的骨干分子，并逐渐能够和学堂中的其他骨干一起自主讨论学堂课程的安排、活动的时间、主持课堂的流程等。李爷爷也主动跟社工分享了他的感受。

以前我一个人在屋里，也不出去耍，总觉得去人家家里是麻烦人家，但是一个人也实在是不好耍。来参加活动我觉得很有意思，这些人我都认识，但是以前从来没有一起耍过，现在组织在一起才觉得还是很摆得来（聊得来）。现在我们几个老人一起商量我们要学什么、做什么，我觉得还是很好的。

另一位拥有竹编技艺的刘叔叔是社工挖掘的技术骨干。刘叔叔以前是“篾匠”，主要以编售竹编家用品谋生，但后来外出打工就放弃了老本行。随着年纪增大，他又回到村里，以种地为生，偶尔编竹编自用。考虑到原生态纯手工的绿色竹香工艺品具有独特性，竹编产品既美观又实用，且X村有农耕博物馆，竹编工艺又是传统农耕文化的代表，具有传承价值，故社工建议老年学堂学员学习竹编工艺，这得到了老人们的一致认同。社工就这一构想与刘叔叔进行了交流，并真切地邀请他担任老年学堂的技术骨干，进行竹编工艺培训，他一口答应道：“那可以试一试嘛！只是我也没有教过别人，怕教得不好。”在后面的竹编工艺教学中，刘叔叔充分发挥了技术骨干的作用，耐心地教其他老人竹编工艺，获得了大家的一致好评。老人们也在活动中建立了愈加深厚的感情。

在挖掘骨干成员的过程中，社工也对村中藏龙卧虎的状态表示惊叹，一位社工分享了他的感想。

之前真的没想到这么一个小小的村庄竟然隐藏着这么多能工巧匠，以前我们只注重搞活动，动员他们来参加，但是没想到他们还有这么多潜能，很多是我们甚至是他们自己都没有意识到的。看来实现“老有所为”要从开发老人的潜能开始。

学堂骨干成员确定后，由老人互相推荐或自荐任课教师，并共同制定学堂契约，形成学堂规章制度和课堂教学内容。起初由社工定期打电话召集老人来课堂学习，后来由学堂组长通知老人到课堂学习，最后形成固定的学习时间。课堂起初由社工带领，慢慢转变成由组长带领，社工从课堂活动带领者转变成教师的助手。

随着骨干力量的培育和参与，老年学堂的日常活动逐渐步入常规化，同时有了简单的内部契约，成员们也形成了基本的规则意识，课堂基本的核心成员较固定，老年学堂逐渐从小组转变为初级老年组织。

3. 开展自我服务，产生组织内部认同

在完成初步的组织建设之后，老年学堂的日常活动更加规范化，在骨干成员的带领和社工的指导下，老年组织初期的目标为开展自我服务、满足组织内部成员的需求。针对部分老人丧偶独居、缺乏情感关怀的现状，老年学堂成员定期进行走访慰问，同时每月组织一次集体生日会，帮助组织成员获得归属感和组织支持。

部分老人多年没有过生日了，在集体生日会上，一位老人开心地说道：

"今天就是我最感动的一天，大家聚在一起庆生、玩游戏，过得很放松、愉快，非常感谢社工组织这次活动。中午大家围在一起吃午饭，这顿午饭就像是一桌过年时才会吃到的团圆饭。我真的很喜欢我们的老年学堂。"

针对X村留守老人大部分存在的腰椎间盘突出、骨质增生等身体健康问题，老年学堂深化健康保健学习内容，每次活动结束后进行健康养生知识学习。手指操是老人们比较喜欢的保健操之一，最初由社工带领老人们做，逐渐由骨干成员教其他老人做，同时老人们还自主学习太极拳、老年健身操等。针对老人们精神生活匮乏的现状，老年学堂推出唱歌、舞蹈、讲故事、政策宣讲、体育等课程，同时挖掘老人自身的兴趣和深层次的需求，发展多个互帮互助兴趣小组，提高老人的参与度及参与积极性。前期的竹编工艺在骨干成员刘叔叔的带领下普及得非常快，后来学堂内部又成立了"鑫满艺竹"竹编坊，老人们互相学习、互帮互助，并将竹编产品和X村的农耕旅游相结合，朝着特色农耕旅游产品的方向打造。老人们从中感受到了自我价值，发现了自我潜能，提高了自我满意度，进而实现了积极老龄化所倡导的"有作为"。

学堂功能的完善和课程内容的丰富，扩大了老人的社交范围，丰富了老人的晚年生活，实现了X村互助养老、社区养老新模式，因而组织内部成员的需求得到了较好的满足，成员对组织产生较高内部认同，组织形成了较强的向心力和凝聚力。同时，社区老年组织弥补了由社会变迁、社区建设等带来的先赋性关系网络弱化的不足，以组织化的形式为老年人个体建构起一种新型的社会关系网络。①

① 彭捷：《社区老年组织：老年群体社会整合的新路径》，载《老龄科学研究》2015年第1期。

4. 进行社区参与,形成共同目标

从社区整体的角度来看,社区发展的目标是实现公共空间的善治,即从“被组织”向“自组织”转变,由此使各个利益相关方在面对面的协商中达成共识,采取集体行动,自主解决社区内部事务,实现社区治理。① 故老年学堂在实现老年人自我学习、自我服务的转变之后,最终介入社区服务。在组织培育过程中,社工也注重培养老年人的社区参与意识。

老年学堂成立后第一次以独立身份进行社区参与,是通过筹办以“展X村长者之风,亮乡村治理之采”为主题的X村元旦晚会实现的。这场晚会共计100余人参加,其中包括25名老年学堂成员、4名社工以及1名本土志愿者。晚会共有15个节目,包括舞蹈、脱口秀、情景剧、二胡演奏等,节目内容贴近生活,形式独特、新颖,具有浓厚的乡土气息。晚会开场气氛十分热闹,现场充满了像过年一样的气息。老人们整齐地坐在候场区,一张张笑脸洋溢着幸福与自豪。婆婆们带来了《哑巴新娘》和《相约X村》两支舞蹈,她们装扮得漂亮、大方,跟随着音乐跳起了优美的舞蹈,队形变换样式新颖且整齐,举手投足之间都透露着优雅和自信。李爷爷的脱口秀《吹牛》和刘爷爷的脱口秀《刘老汉游X村》是他们自编、自导、自演的节目。这两个节目将现场氛围带向高潮,幽默风趣的台词、滑稽搞笑的动作引得观众连声叫好,他们用智慧和才华展现了自己的魅力。还有原来不善言辞的五保户大叔,在村民们的鼓励下也精心打扮,上台唱了一首《学习雷锋》。

这场元旦晚会从策划到顺利开展,都是老年学堂成员独立完成的,晚会

① 范海霞:《社区自组织在社区治理中的作用——以上海市闸北区临汾路街道为例》,上海交通大学公共管理专业,2009。

的主持人以及绝大部分节目来自老年学堂内部，社工只起到了引导、协助的作用。晚会受到了包括村民、村干部和乡镇干部在内的观众的一致好评。村干部在观看节目过程中大为感动，事后问社工："这个老五保户之前在我们这里是出了名的，大家都知道他不爱干净、不喜欢跟别人打交道，也没人愿意接近他。你们社工到底使了什么招数让他重活了一回?"乡镇干部也对老年学堂的发展大加赞赏，对接社工工作的副乡长说："没想到老人们精神状态这么好，这是好现象，这个老年学堂很有用，以后要多组织这种活动，让村里热闹起来，活跃起来。"此次元旦晚会促进了 X 村老年自组织的社区参与并激发了群体内生动力，初步实现了社区组织的自我管理与自我运行，形成了政府治理、社会调节和居民自治的良性格局。

此次元旦晚会大大调动了老年学堂成员的参与热情和主观能动性，他们对社区活动的参与也更加频繁和深入。之后，借助三八妇女节活动、关爱留守儿童的放风筝活动和五一国际劳动节的社区活动，"心时代"老年学堂不断以自我管理、自我监督的方式开展村落公共活动和服务社区活动，加快了 X 村精神脱贫的步伐。

在社区参与过程中，组织成员的价值感和成就感得到了极大的满足，有位老人跟社工分享了他的感想。

以前觉得自己老了没什么用了，现在经常跟大家去搞搞活动，还是觉得很自豪的。尤其是领导们(乡镇干部)都说我们做得好，我心里还是很高兴的，我觉得我们老年学堂真的不错，以后我还要做更多的事。

至此，组织内部架构更加稳固，组织也形成了新的共同目标，即充分发挥老年学堂在乡村治理中的作用，助力本地脱贫攻坚工作。

5. 获取社会支持，形成团体新规则

根据社会支持理论，老年人的社会支持分为正式支持和非正式支持。非正式支持包括家庭和朋友的支持，正式支持包括政府等官方的支持。从当前农村的现状来看，老年人的社会支持主要是非正式支持，正式支持严重不足。社区老年组织在获取社会支持尤其是正式支持方面，相对于个人而言有更多的优势。首先，由于前期的自我服务和社区参与，老年学堂已经获得当地乡政府的关注，乡政府从资源、场地、人力等方面给予其重要支持。老年学堂成立之初没有专门的活动场地，只能借助村委会的活动室，使用时间要避开村委会开展活动的时间，而且要获得村委会的准许。但随着老年学堂影响力的扩大，乡政府非常重视，不仅让其随意使用村里的活动室，还协调村委会为其提供了另一间房间作为日常办公场所，并承诺解决部分活动物资需求。

同时，乡政府为老年学堂介绍了部分资源，如前期的“鑫满艺竹”竹编坊在发展中遇到困境，包括技术骨干刘叔叔在内的成员做出来的成品都缺乏精致感，产品的边角有些粗糙，预生产出来的产品无人购买或售价很低，但老人们也研发不了新的产品，竹编坊的发展遇到了瓶颈。乡政府从社工处了解情况后，联系了相邻镇一个发展较成熟的“巴山工艺”工艺品协会为老年学堂成员做了 15 天的技术培训。至此，竹编坊的发展有了突破口，成员们的竹编技能得到了较大提升，产品兼具实用性和观赏性，得到了多方肯定。有老人欣慰地表示：“现在我们老年学堂有政府支持就是不一样，还让我们去培训，确实是学到了很多东西。以前哪里有这么好的事情哟。”

随着老年学堂的发展壮大，社会对该社区自组织的关注也越来越多。

社工链接高校资源对X村进行物资捐赠，并引导老年学堂成员对捐赠的物资进行再分配。由于学堂成员都是X村村民，对本村情况非常了解，而学堂又是社区自组织，因此能够公平、公正地完成捐赠物资的分配工作。至此，老年学堂有了新的功能，即外部资源进入社区后的着力点和落实平台之一，老年学堂以社区组织的身份参与对资源的再分配。一位社工在访谈中提道：

"老年学堂运营到现在，越来越能发挥社区自组织的作用。以前外部的捐赠、支持等资源的链接、分配工作都是我们社工来做，有时候觉得力不从心。老年学堂虽然还没达到链接资源的作用，但是在资源分配方面已经做得比较好了。这是一种很好的社区自治的趋势，对我们社工也是一种鼓舞，毕竟我们希望社区能够更多地依靠自己内部的力量有效运转起来。"

外部支持资源的注入给老年学堂增加了社会资本，使其在日常服务方面有了更多可利用的资源，同时也有了进一步发展的空间。在获取外部资源的过程中，学堂成员也发现了一些问题。例如，前期的骨干筛选并不全面，还有很多有才能的老人并没有发挥自己的作用；以前的规章制度较简单，只涉及一些基本的规范，内部的制度并不健全，随着获得的资源的增多，资源的对接、管理、分配都需要制度来约束。

因此，根据学堂成员的讨论，组织内部开始进一步完善组织管理，包括公开选出组织领导者；完善组织规则，如日常课程规则、成员参与机制和资源使用规范等。此时，老年学堂作为一个成熟的社区自组织和乡村共同体，能够很好地发挥在农村社区营造中满足居民需求、传承社区文化、参与社区治理的重要作用。

四、成效总结

（一）个体层面

1. 丰富老年人的生活，提升其生活质量

社区自组织“心时代”老年学堂的建立，为X村社区老年人的精神生活增添了更加丰富的内涵。学堂成立以前，村中老年人的日常休闲方式单一且缺少社会交往行为。学堂成立以后，根据老年人的需求设立了唱歌、舞蹈、讲故事、政策宣讲、竹编、体育等课程，每周有固定的活动时间和活动内容，还成立了各种兴趣小组，老年人的生活得到极大的丰富。老年学堂的班长刘爷爷对这个社区组织的感情非常深，他说：

“这个老年学堂是我们村里这些老人看着建立起来的，大家都出了力，看着它一步一步地发展起来就像看着自己的娃娃长大一样。这个老年学堂也真的像娃娃一样带给我们很多欢乐，在这里我觉得非常快乐。以前吧，日子就这么过，每天就干点活、煮煮饭，自己的娃儿也没在身边，没人和你说话，也没什么耍的。现在不一样了，不光是我，村里的老人都有事干，而且干的事也不是普通的事，我们都觉得很有意义，老年学堂对我们农村这些老人真的很重要，我觉得现在的日子和以前完全不一样了。”

此外，老年人参加学习和交流活动有利于活跃思维，从而有效延缓身体衰老，提升健康水平。有的老人表示：“参加老年学堂的活动，大家都感觉自己年轻些了。和你们这些小年轻（社工）一起搞搞晚会，学点手艺，我觉得比以前还有精神点。”通过技能学习、兴趣培训，老年人的潜能得到了激发，进而增添了幸福指数，提升了生活质量。

2. 践行积极老龄观，实现扶贫扶志

社工通过鼓励老年人积极参与老年学堂的活动，引导老年人树立自尊、自立、自强、自爱的意识；同时，倡导积极老龄观，传播正能量，释放老年人口的长寿红利。① 在培育社区自组织的过程中，社工一直将老年人视为不可多得的社会财富而不是负担，即使最初他们的自信心不足，社工仍然传播积极的老龄观，并通过生活小事引导他们看到自己的优势，增强他们的自豪感。作为老党员的李爷爷体会尤为深刻，他说：

“以前我一直觉得我人老了，没什么用了，其他事情也没想太多。但是加入老年学堂后，我觉得自己还是多得行（很厉害）的，大家让我读政策、教写字，我感觉像老师一样，没想到老了还有这种机会。上回我们老年学堂和娃娃们放风筝，娃娃们都很喜欢我画的风筝，以前都是自己一个人在家看看新闻、写写字，没想到这些（技能）还这么有用。”

变化最明显的要数在元旦晚会上唱歌的五保户大叔了，从社工第一次见到他时的孤僻怯懦，到在元旦晚会上精心打扮、勇敢唱歌，他的生活发生了非常大的变化，多年的“老五保”逐渐融入老年学堂，能够主动与周围人交流并获得大家的尊重与认可，同时通过学习竹编也获得了增收的新技能。村里人都说加入老年学堂让这个“老五保”重新活了一回。县民政局相关领导到村里视察工作时，看到老人们的情况，更是赞不绝口，说道：

“这才是扶贫扶志应该有的成效，这些农村老年人不管是精神面貌还是身体状态，都比之前好太多了，完全不像以前那样，他们的积极性和主动性

① 牟新渝：《树立积极老龄观　辩证思考老龄问题》，载《社会福利（理论版）》2018 年第 8 期。

都被你们(社工)调动起来了,这个老年学堂要继续搞下去。”

精准扶贫强调着力培育贫困群众自力更生的意识和观念,社工借助社区老年自组织,聚焦像“老五保”这样的典型贫困群众的能力养成和自我发展潜力的培养,在改变贫困农村生产与生活条件的同时,更加注重老年人能力的提升和思想观念的更新。

(二) 社区层面

1. 建立社区老年自组织,增强社区活力

自组织理论强调,自组织的形成和发展是自我组织、调节和管理的过程,社区可借助自组织的自发性和民间性等特征,进行自身的整合与维护,自组织能力建设对提升社区能力具有重要作用。① 当社区不能有效发挥原本的功能,社区内的资源不能得到充分发掘和利用时,社区就会丧失原本的活力。老年学堂建立之前,X 村基本处于一盘散沙的状态,社工开展需求调查时村干部不止一次提到村民们难动员、难组织,对村中事务漠不关心,且还有一两个像“老五保”一样难以改变的“顽固分子”。村民们则认为社区缺少公共活动,自己的心声也没有真正被听到。因此,整个 X 村内部虽然人文资源丰富、社区精英众多,但没有得到充分挖掘,村中早年建了一个农耕博物馆,但外人的知晓度和参观率非常低。

老年学堂的建立,一方面挖掘了像班长刘爷爷、老党员李爷爷这样的社区精英,并在连续组织的社区活动中强化了精英的能力,增强了学堂成员的社区意识。村中的年轻人对此非常惊叹:“没想到我们村藏龙卧虎,现在看

① 丁雅玲:《自组织理论视角下“转型社区”能力建设的问题研究——以 X 社区为例》,河北经贸大学行政管理专业,2017。

来，我妈妈、老汉儿（爸爸）这辈人真能干。”

另一方面，老年学堂充分利用了社区资源和优势，开展社区建设。张婆婆是X村一位普通的老年妇女，和村里大部分老年人一样，其子女外出务工，自己平时以种地为主，闲暇时自己在家看电视打发时间。张婆婆为人热情，善于交流，虽然只上过几年小学，但对农耕文化非常了解，讲起农耕博物馆里的各种物件更是如数家珍。加入老年学堂后，张婆婆被培养为农耕博物馆的讲解员，2018年，“重庆市三区计划暨深度贫困乡镇社会工作服务项目推进会”在城口县召开，当参会代表们参观X村农耕博物馆时，张婆婆作为讲解员非常自信地给大家讲解农耕博物馆的相关知识，获得了高度赞扬。原来闲置的博物馆被利用起来了，社工还充分利用张婆婆熟悉农耕文化这一优势，将她培养成了农耕文化的传承者。张婆婆自己也感叹：

“我自己也没想到能在那么多领导面前讲话（讲解），之前还是很紧张的，但是我们老年学堂成员都在帮助我，给我打气，帮我纠正（说话）。我觉得农耕博物馆要多整一下（被关注），毕竟它是我们村的代表，以后我觉得我们老年学堂可能要做更多事，让大家都来我们村看看。”

社区老年自组织的建立唤起了居民的参与意识，促进了社区服务网络的建成，同时完善了相关参与和监督机制，从而唤醒了社区原有的社会功能，增强了社区的活力。

2. 以社区自组织带动村民社区参与，实现农村社区治理

社会治理强调社会各方以共同参与、理性协商的方式处理问题。同样，农村社区治理也强调政府、各类组织及村民等各类主体对农村公共事务进

行协商与管理,其表现为自下而上的村民参与。[1] 在培育老年学堂的过程中,社工先以兴趣活动吸引、聚集老年人,以形成各类兴趣小组,再逐渐筛选出骨干,并进行组织的初步建设,循序渐进,带动村民参与。最初社工更多的是"要求"老人们关注本村事务,为村里做事。经过一段时间的发展,老人们开始主动筹划晚会、参与志愿者服务。一位项目社工说:

"以前一直是我们动员老人,并告诉他们要做什么,怎么做,现在不用我们说,老人们也会自己提出、自己讨论,然后开始行动。他们也开始主动说出自己的意见和想法,关心村里的发展情况。"

另一位当地社工说:

"我在农村做社工也挺久了,但是能让村民尤其是老人积极参与社区事务的真的不多,其他地方别说来提意见、一起想办法了,能配合你参加一下就很不错了,所以我自己也觉得这次是很有成就感的。现在不仅老人们自己很积极,他们还去动员村里的其他人,他们的号召力比我们强得多,村里这种互动、交流的成效很显著。"

随着社区自组织的发展,村民突破了个体单薄的力量,获得了利益表达和参与的途径,实现了从参与组织内部事务到参与社区公共事务的转变,进而实现了农村社区治理。

五、反思

精准扶贫工作是一个复杂的工程,需要广泛凝聚脱贫攻坚力量,最终将

① 高文静:《农村社区治理中的多元主体协同共治研究——以桐城市 Y 村为例》,安徽大学社会学专业,2017。

政策及外界资源的扶持力转化为贫困地区的内生动力。当然，X村社区自组织的建设并非一蹴而就，其经历了很多波折和困难，社工也在这一过程中不断反思，主要集中在以下方面。

1. 老年自组织对农村扶贫工作的意义

老年人的问题在贫困地区更加突出，践行积极老龄观，改善贫困农村老年人的经济贫困问题、情感缺失问题和社区参与问题，对精准扶贫至关重要。X村“心时代”老年学堂的实践表明，社工基于积极老龄观，以社区老年自组织——“心时代”老年学堂为平台，借助日常活动和村庄公共服务，能够有效地促进农村老年人自发组织起来并参与公共事务，提升农村老年人的生活质量和幸福感，进而增强社区活力，促进农村贫困社区治理，助推脱贫攻坚。

2. 老年自组织的培育方法与路径

社工在驻扎X村后，从服务贫困个体入手，到服务弱势群体，再到进行组织建设，由此激活社区活力，激发社区内生动力，即遵循“个体—群体—组织”的服务路径。首先，从深入对接贫困对象的需求与能力优势开始。在个体帮扶过程中，社工找到不同个体的共同点（本项目中为农村老年群体的共同需求），为群体救助奠定基础。其次，在识别出不同贫困对象的共同需求之后，社工采用兴趣小组、生计小组等形式，聚集人群，以小组为单位，帮助有劳动能力的贫困群众转变思想观念，促进其发挥潜能、提升技能，实现小组内互帮互助。最后，构建困境人群专业化内生组织网络，进行组织化建设。在小组人群相对稳定之后，社工从困境人群中培育骨干，建立了社区互助网络，孵化出新的社区自组织。

3. 维持自组织的持续性和稳定性

外来的帮扶和支持力量终有撤出的一天，社工项目也终会结项。作为贫困农村地区的社区老年自组织，从开始筹划到最终成形经历了漫长的过程。项目结项时，社工撤出，老年学堂很可能面临资源短缺、支持网络暂时性断裂的情况，保证自组织的延续性和稳定性是巨大的挑战。故社工撤出之前，努力培养成员的自主性，进一步协助老年学堂制定组织规范，并逐渐将社会支持网络中的联系人转移给相关骨干；同时，积极寻找当地的支持力量，最终在乡镇干部中选出一位对接人，协助老年学堂处理日常问题。如今，社工虽已撤出，但老年学堂仍在平稳运行，社工也时常打电话与老人们沟通，了解学堂情况。社区老年自组织的培育非常重要，但建立之后如何保障长期的独立运行更加具有挑战性，社工应努力培养自组织的自主能力，同时协助其完善规章制度、建立起社会支持网络。

第三章　女性主义视角下农村妇女社会工作增能实践的行动研究案例

消除绝对贫困之后，中国农村依然面临着振兴发展的艰巨任务。农村妇女是乡村振兴的重要力量，但信息化、城镇化和现代化的进程给她们的生活带来巨大的挑战，她们面临着诸如文化程度低、信息处理能力弱、就业能力不足及家庭地位、社会地位低等处境。为了提升农村妇女应对困境的能力，传统的妇女帮扶工作视农村女性为弱势群体，聘请专家教授其知识与技能。统一的培训标准和相近的培训形式忽略了农村妇女生活困境的社会结构因素，没有体现出她们的主体性地位。与传统的妇女帮扶工作不同，社会工作女性主义视角和增能理论都强调受压迫和处境困难的群体是否能够获得权力以掌控自己的生活。因此，本章以福建省 K 村妇女“巧娘班”为例，借助女性主义视角和增能理论反思农村妇女社会工作增能实践的过程、方法、成效及未来服务的方向。

一、理论视角

增能社会工作兴起于20世纪七八十年代的美国和英国。它尝试将社会结构层面的改变与个人的成长改变结合起来，推崇一种在现行的社会生活中能够使个人潜能充分发挥的整全模式。[①] 增能社会工作在形成与发展的过程中逐渐形成了两个流派：一是以美国社会工作学者朱迪思·李(Judith Lee)为代表的流派，该流派强调消除种族和文化歧视带来的不平等；二是以英国社会工作学者罗伯特·亚当斯(Robert Adams)为代表的流派，该流派注重在现行的管理和政治体制中实现社会工作视角的转变，把个体的自决以及个体之间的互助作为整个服务的核心。[②]

两个流派关于增能概念的界定略有不同，美国增能概念的兴起与美国黑人争取平等权利的斗争历史紧密相连。所罗门(Solomon)在其对黑人社区的研究中提出，增能是一种对不公平事件的挑战能力，受压迫群体的无力感来自负面的自我评价和阻碍他们采取有效行动的环境系统。[③] 20世纪90年代，朱迪思·李继承了所罗门的基本理论，同时她深受生态系统理论传统的影响，认为任何社会结构层面的改变都依托于个人与环境之间的生态关系的改变，这表明个人在日常生活中应对周围环境挑战能力的提升，是个人与环境的生态关系的深入，而不是在个人成长改变之外增添社会层面改

① 童敏：《社会工作理论：历史环境下社会服务实践者的声音和智慧》，社会科学文献出版社2019年版，第89页。

② 同上书，第112页。

③ [英] 马尔科姆·派恩：《现代社会工作理论(第三版)》，冯亚丽、叶鹏飞译，中国人民大学出版社2016年版，第55页。

变的内容。朱迪思·李的增能社会工作涉及三个基本要素：积极有效的自我、环境批判意识、个人和集体目标实现的能力。[①] 英国的增能社会工作关注本国的自助与互助服务，罗伯特·亚当斯认为，增能社会工作的理论主要源于西方自助与互助的精神、民权的运用、权利平等的思想和反压迫的思潮，如女性主义、反种族主义等。他还提出增能是社工与服务对象在具体的实践中通过一种相互促进、共同成长的方式一起增能。服务对象的增能必然是场景性的，是在日常生活的问题场景中重新发现、确认和界定问题并且寻找解决问题的方式的过程，并非程序化地解决问题。[②] 从概念上看，美国增能社会工作注重个人应对环境挑战能力的提升，这一能力提升的途径包括意识的觉醒与群体行动的建构；英国增能社会工作强调了平等服务关系的建构及其场景化、过程化和集体化的服务方式。

虽然两个流派关于增能的概念和理论来源不同，但它们都强调个人和环境之间的整合视角，都以提升服务对象对自己生活的掌控力及行动能力为核心，即减少服务对象个人生活和社会生活中的阻碍，使其学会应用日常生活中的权力，增强应对生活挑战的自信。[③] 因此，融合两个流派关于增能的概念，我们可以把增能实践理解为以意识觉醒和群体行动为核心的社会服务，它有反思的过程，同时也具备场景化、过程化和集体化的特点。

本章以福建省 K 村留守妇女的社会工作服务为例，反思该项服务的过

① ［英］马尔科姆·派恩：《现代社会工作理论（第三版）》，冯亚丽、叶鹏飞译，中国人民大学出版社 2016 年版，第 55 页。

② Robert Adams, *Social Work and Empowerment* (*2nd ed.*) (London: Macmillan, 1996).

③ 童敏：《社会工作理论：历史环境下社会服务实践者的声音和智慧》，社会科学文献出版社 2019 年版，第 29 页。

程、成效、存在的问题及未来的服务方向。从性别和传统文化的视角来看，中国农村留守妇女面临着比男性更加艰难的生活处境。因此，除了增能视角之外，女性主义社会工作也是一个重要的反思视角。女性主义社会工作起源于女性主义的社会行动，通过社区中女性与女性共同工作，将女性个人的苦难与她们的社会地位连接起来。社会工作的女性主义视角着眼于解释和回应女性在大多数社会中所处的受压迫地位。多米内利（Dominelli）将女性主义社会工作定义为从女性的经验出发进行分析，专注于女性社会地位与其个人困苦之间的联系，回应她们的独特需求，创设工作者和服务对象之间的平等关系，并探讨结构上的不平等。① 女性主义社会工作关注女性的社会地位，强调个人的即政治的，这一点与增能理论不谋而合。女性主义社会工作试图打破传统社会工作服务关系不平等的局面，专注于个人经验与生活历史的差异性以及个人所处的社会地位，打破个人领域与公共领域的界限。然而，女性主义仅仅是一个思考问题的角度，并未形成一种实践模式和一套清晰的实务程序。因此，本章尝试将增能社会工作和女性主义社会工作两种理论结合起来，从提升女性自我认知、推进女性群体行动、尊重女性个体差异和建构平等关系等方面反思农村留守妇女的社会工作服务过程。

二、研究方法

本章案例研究选择福建省 K 村“精准扶贫”和“三社联动”服务试点两个

① ［英］Lena Dminelli：《女性主义社会工作：理论与实务》，王瑞鸿、张宇莲、李太斌译，华东理工大学出版社 2014 年版，第 77 页。

项目为研究对象。2018年，项目组以“精准扶贫”为目标，主要面向农村建档立卡贫困户开展社会工作服务。项目社工通过驻村与入户走访，了解村中文化程度较低的留守妇女的需求后，开设了以文化知识传授为主、以娱乐为辅的“巧娘班”。

本章案例研究选取了服务过程报告和“巧娘班”成员基本档案表作为文献研究的资料。由于该项目需要在农村驻扎，项目社工更换较频繁。本章案例研究者对4名社工和3名“巧娘班”成员进行了访谈（见表3-1）。针对社工的访谈主题围绕如何进行农村妇女需求评估，问题包括举办“巧娘班”的原因，筹备的过程与困境，志愿者的找寻与志愿服务意识的激发，“巧娘班”的成效，等等。为了保证访谈资料的客观性，本章案例研究者进行了多次访谈的方式，然后整理访谈资料，并做好相关资料的验证工作。

表3-1　受访人员的基本情况

受访人员（编号）	工作内容
W社工（S1）	负责项目管理，当无社工驻扎时，临时驻扎K村
Y社工（S2）	一线社工，负责前期调研与“巧娘班”的筹备工作
C社工（S3）	实习社工，负责“巧娘班”的运作和妇女广场舞队的组建
L社工（S4）	实习社工，负责“巧娘班”的运作和妇女广场舞队的组建
“巧娘班”成员（W1）	村妇女主任，代表“巧娘班”申报恒生基金会项目
“巧娘班”成员（W2）	长期学员，参与许多社会事务
“巧娘班”成员（W3）	长期学员，参与许多社会事务

三、K 村留守妇女的社会工作增能实践过程

（一）接案：农村精准扶贫项目落地 K 村，初步了解 K 村的基本情况

2017 年，福建漳州市致尚社会工作服务中心（以下简称“致尚社工中心”）成功申报了福建省农村精准扶贫项目。通过福建省民政厅、云霄县民政局与致尚社工中心的沟通与协作，项目最终落地 K 村，该村也被列为福建省民政厅第二批农村社会工作试点村。项目启动以后，工作人员便开始了社区调研及相关数据资料的收集工作。K 村位于福建省漳州市云霄县西北部，和平乡东北部，距离县城 6.5 千米。K 村下辖 5 个自然村，13 个村民小组，共 380 户，总人口为 1 570 人（2018 年数据）。其中，低保户 32 户，共 72 人；五保户 7 人；村里 60 岁以上的老年人约有 220 人，80 岁以上的高龄老人约有 20 人。K 村较早实现了土地流转，各家各户的土地统一由农业公司运营，村中 50～70 岁的女性村民多选择留在村里的农业公司打工，每日平均工资为 70～80 元，月均收入为 2 000 元左右，经济收入有保障。全村约有 200 名村民长期在外地工作，工作地点以广东地区为主；另有部分青壮年村民白天到县城工作，晚上归来。K 村作为革命老区，在省级政策支持下，也被纳入村级集体经济扶持重点村。村里各项基础设施较完善，有小学 1 所，幼儿园 1 所，村卫生室 1 间，幸福院 1 所。村委会工作人员 7 名，村委会干部全部是本村村民，其中 45 周岁以下 5 名，女性 1 名，有大专以上学历的 1 名。

从以上数据可以看出，K 村的男性和年轻女性多外出工作，50～70 岁的留守妇女居多，她们大多白天在村里的农业公司上班，晚上料理家务和照顾孩子。

(二) 预估：扎根社区，倾听女性故事，了解她们所面临的问题

1. 扎根社区，倾听女性故事

扎根社区是社工与服务对象建立信任关系，了解社区文化、社区资源的重要途径。K村“精准扶贫”项目实施后，虽然社工流动性较大，但一直有社工驻扎K村。W社工身为致尚社工中心的主任，从项目的招投标、社工的招聘到与村两委建立信任关系都发挥了重要作用。村两委为社工扎根社区提供了住所。项目实施两年，先后共有7名社工驻扎在该村。社工驻村期间，通过入户走访、举办社区活动、与村民闲聊、举办妇女座谈会与返乡大学生座谈会、组建广场舞队等方式增强了与K村村民的沟通。因为性别相同、年龄相近和语言相通，W社工与K村妇女主任、村中卖菜阿姨、村支书的妻子和妹妹等总有说不完的话。每次W社工去驻村，村中的妇女都喜欢找她聊天。在一次与村妇女主任、农业公司管理人员闲聊的过程中，W社工了解到，地理位置偏僻、村内教育水平与基础设施较落后、村民文化水平低是K村落后的重要原因。而随着现代科技的发展，自身文化水平低限制了K村留守妇女的精神文化建设，同时也给她们的生活带来了极大的不便。她们时常在给孩子签名或签领工资时遭遇尴尬，在与当地大棚技术人员交流时感受到“听不懂”带来的窘境，她们甚至不敢出远门，外面的世界让她们感到陌生。除此之外，由于她们平日家务、杂事缠身，无暇顾及自身文化或交流能力的提升。这让W社工萌生了教授文化知识，提高K村留守妇女文化水平的想法。

2. K村留守妇女面临的困境以及她们的需求

(1) 文化水平受限，改变意愿强。根据项目前期的问卷调查结果，K村

没有接受过教育的妇女占妇女总人数的71.79%，有小学文化程度的妇女占妇女总人数的20.51%，有初中文化程度的妇女占妇女总人数的7.69%。多数妇女明确表示不识字给她们的生活带来了许多不便。项目社工描述了村中部分留守妇女因文化知识不够而产生的生活困扰。

有一位卖菜的阿姨，每天都来我们门口叫卖。她曾经表示，由于自己不懂得如何存钱、取钱，自己赚的钱都交给儿媳妇管，自己赚了钱，还要伸手向儿媳妇要钱花，很是无奈。(S3)

村里有一位年轻的母亲，她说她的孩子上小学了，因为自己不会写字，所以每次孩子完成作业要家长签字的时候她都特别尴尬和难受。还有一位妇女想去县里找一份月嫂的工作，可是因为自己不识字，这份工作也做不成。(S2)

有一次在村里闲聊时，我了解到在村里农业公司工作的妇女一般年纪都比较大。那些有文化知识的妇女可以当小领导；没文化的妇女连工资条都看不懂，就更别提签字了。(S1)

在K村，多数妇女由于没有学习文化知识的渠道或机会，只能接受这一现状。在社工开展的前期调查中，当问及是否愿意参加扫盲班时，有58.97%的妇女表示愿意参加，不愿参加的人数占33.33%。可见，妇女们改变自身文化知识薄弱现状的意愿较强。

(2) 社区文化活动匮乏，社区参与意识较薄弱。在社工驻村之前，K村留守妇女对“社区”没有概念，只会在办理事务或领取补助时才会到社区。除此之外，该村接收到的社会支持多为物质性的，如物资、补贴等，少有精神文化层面的活动。社工在走访调查过程中了解到，大部分留守妇女平日的休闲活动是看电视、串门等，也有部分妇女会选择做手工或零活来填充空余时间。社工驻村前，村里还没有诸如广场舞队这样的妇女组织，当问及是否愿意学习广场舞时，妇女们的学习意愿较强烈。

(3) 家庭教育面临的问题多，精神压力较大。K村的多数男性外出工作，妇女们因为需要照顾孩子，所以选择留在村里，孩子的教育与成长问题耗费了她们的大部分精力，同时也是影响她们精神状态的主要原因。由于大部分妇女的文化程度不高，在面对孩子的教育问题时，她们常常感到力不从心。

她们很感叹："上了高年级要去隔壁村读，我不放心啊，怕他跟着一些大孩子学坏。""就希望孩子能好好读，以后能找个好工作我就满意了。""我要放弃我闺女了，她记性太差了，啥都记不住啊，我也有心无力。""我没办法给他辅导功课，村部老师晚上又都回城了，孩子的作业也写不完，我只能干着急。"(S3)

提及孩子教育问题，K村不少妇女都会陷入深深的困惑之中，同时她们也背负着"孩子学习不好都怪我"的精神负担。社工在服务过程中可以充当"教育者"与"组织者"的角色，从家庭方面帮助留守妇女减轻精神负担。开设"四点半课堂"成为解决这一问题的主要途径，在村内小学放学后，组织有需要的孩子进行作业辅导或让他们参加画画小组。村部提供儿童活动室，社工或回村大学生为有需要的小学生提供作业辅导服务。这些不仅让村内小学生接触到了不一样的学习方法，而且为他们的母亲分担了一部分辅导任务。(S4)

综上，有限的文化知识储备、微弱的社区情感和子代教育带来的精神压力，削弱了K村留守妇女的主体地位。

3. 计划：协商开设“巧娘班”，组建广场舞队

有了开设妇女扫盲班的想法后，W社工与Y社工便着手落实这一想法。他们先是与村妇女主任、村两委协商，村妇女主任表示非常赞同这一想法，并主动承担起成员招募的责任。村支部书记也鼎力支持，表示可以为妇女扫盲班提供场所。在社区资源发掘方面，C社工发现社区内有一批扫盲的书籍与光盘，是几年前县里的文化部门赠送的，但是因为无人组织、没有合适的教师，加之大部分妇女也无意识，所以这些书籍和光盘就闲置了。书籍内容偏向于拓展知识面，而对日常生活有影响的知识较少，且内容复杂、枯燥，并不适合用作扫盲读本。C社工根据K村留守妇女的情况与现实需求，为她们制作了识字卡片，从基本的发音开始，到基本的笔画书写，再到她们名字的书写、日常生活用品的辨认等。另外，在扫盲班名字的设定上，社工与村妇女主任协商，为了避免过分强调问题，扫盲班采用了一个富有成长潜能和身份认同意义的名字——“巧娘班”。社工与K村留守妇女共同商定，先由社工授课，每周两次，授课时间为晚上7:30—9:30。

在前期的需求调研中社工了解到，K村留守妇女的精神文化生活较单一，多数人希望能跳跳广场舞。社工在需求评估的基础上，计划组建K村妇女广场舞队，满足妇女的精神娱乐需求。

K村基础设施简单，村内的一棵百年大榕树下的空地和戏台已成为大家默认的公共娱乐场所。

我们走访发现，榕树下会有人乘凉或打扑克牌，也有人围观，多为中老

年男性和老年妇女。而村内的妇女除了日常的家务活动外，很少进行户外的休闲娱乐活动，这对于她们建构新的人际关系、缓解压力十分不利。村部作为唯一一个可以连接村民的场所，是促进留守妇女参与社区互动的最佳地点。村内留守妇女白天忙于家务或做零工，晚上较空闲。(S3)

我们村没有广场舞队，别的村都有，可能是大家都不好意思在这么多人面前跳，觉得很丢人，所以一直组织不起来。后来王阿姨来给她们做工作，才组织了五六个人在村委会的大院里跳起来，没想到大家越跳越喜欢。(W1)

4. 第一层次的介入：从社工到志愿者，“巧娘班”的常态化发展

在村妇女主任的帮助下，社工召开了妇女座谈会，妇女们学习热情高涨，当日参会 40 人，共有 36 人报名参加“巧娘班”。报名参加“巧娘班”的妇女中，有 80%的妇女的文化基础为零，有 20%的妇女为小学学历。K 村留守妇女学习热情高涨，“巧娘班”运作初期由两位社工负责授课。但因为大多数妇女是刚刚开始学习文化知识，学习适应力较弱，加之社工不会讲闽南话，教学进度较慢，一些知识总需要反复教。此外，每个人在学习上面临的问题不同，社工无力顾及所有人的问题。

妇女们的学习能力比较弱，总是今天学了明天就忘了，教她们写自己的名字是一件很艰难的事。但是我们发现，有些妇女会带着自己的孩子或孙子(孙女)来上课，一两名小学生“志愿者”会帮助一些妇女学习写字。因此，我们就想着能不能把村里高年级的小学生发动起来，让他们也参与进来，教妇女们认字、写字。(S2)

社工找到一些高年级(小学)的优秀学生，引导他们在“巧娘班”授课时

前来协助。同时，社工还组建了“小小志愿者团队”，建立团队行为规则并给予团队成员鼓励。这不仅丰富了学生的课余生活，而且充分利用了本社区内部潜在资源，帮助妇女在文化建设中实现进一步的成长。

由于农村社会工作人才流动性较大，C社工结束实习后便离开了K村，Y社工也申请去了其他项目组。“巧娘班”面临着无人授课的困境。这时，村支书推荐了自己在村中担任幼儿园教师的妹妹，W社工也邀请这位幼儿园教师来担任“巧娘班”的授课教师。由当地的妇女担任教学志愿者，运用闽南话教学，大大提升了教学质量与效果。

5. 第二层次的介入：倡导“巧娘班”成员参与社区活动

社工在组建K村妇女广场舞队的过程中遇到了很多困境。

我们鼓励阿姨们晚上出来跳舞，可是她们说白天要上班，晚上还要做家务，哪有那么多时间！还有个阿姨说在那么多人面前跳舞多难为情啊！我们也很发愁，根本叫不动她们。(S2)

社工作为使能者和协调者，在与村委会工作人员沟通后，申请到一台音响、两只话筒，并得到晚上使用村部场地的许可。社工还发动村妇女主任、社区妇联成员以及村里的小朋友，挨家挨户宣传并邀请妇女前来参加。与此同时，社工主要根据K村妇女的空闲时间，合理安排舞蹈学习时间，并邀请专业舞蹈人员前来教学。经过一段时间的适应与学习，教师挑选出她们的“领导者”，并鼓励她们组建自己村的舞蹈队，还表示若有机会可带领她们外出参加比赛。(S2)

从一个家庭妇女转化为村内唯一一支舞蹈队的成员，妇女们感受到了角色转变带来的欣喜。这在一定程度上促进了她们的社区参与，也为社区发展提供了新的动力。

此外,社工驻村期间与村委会协同举办过多场活动,如端午节的“包粽子大赛”。在活动期间,部分妇女一开始觉得比较“稀奇”,当看到同辈踊跃参与时,自己的参与热情也被激发出来了。各种活动的举办不仅为她们提供了了解社区、参与社区的机会,而且加深了她们对彼此的了解,增强了她们对社区的归属感与认同感。

6. 成效评估:自我认知水平与知识水平的提高、社区学习氛围的营造

(1) 增加了文化资本的储备,促进了女性积极的自我认知和自我关怀的形成。日常生活经常使用的文化知识是文化资本的一种类型。多数 K 村留守妇女面临着文化资本储备不足的困境。她们应对这种困境的策略如下:“在家里看电视只看当地台就可以了,使用微信时只发语音就好了,不识字不要紧的。”“签领工资时,找年轻人帮忙,对照我的身份证写就好了,或者老板会让我们按指印。”“出门和亲戚或家人一起就好了,不会走丢的。”这些策略虽然可以应对文化知识匮乏带来的困境,但不利于妇女积极自我认同的形成。

一位参加“巧娘班”的年轻母亲说,她从小没有读过书,自己的名字都不会写,现在孩子上小学了,不会给孩子的作业签名,她心里很难受。还有一些妇女在村里的蔬菜公司上班,每个月签领工资时都叫别人代签。现在这些问题都没有了,她们可以自己写自己的名字了。(S2)

“巧娘班”开班已有 3 个月之久,很多阿姨由开始时的不识字、不会握笔和不敢开口到现在已经可以用普通话说出自己的姓名、工作、村庄名、孩子的工作单位等,还会写自己的名字、村庄名以及日常生活中常用

的一些字词等。周三和周五的晚上在村部都能听见阿姨们琅琅的读书声。(S3)

我在“巧娘班”学习了四年，从大字不识一个到会写字、会背一些唐诗。以前，有一次我爸爸生病去医院，要签字，我说我不会签，后来医生抓着我的手签，所以我觉得不识字就很难。现在我领工资的时候可以自己签字，哪里都敢去了。(W2)

刚结婚时我连自己的名字都不知道怎么写。我公公婆婆笑我说这么老了还去读书，我儿子和女儿也笑我，我就把书拿回去给他们看，后来孩子们就很支持我，有些字词不懂，我儿子还会教我。我要跟着“巧娘班”好好学。(W3)

经过了一段时间的学习，“巧娘班”的学员都取得了很大的进步，比如学会了写自己的名字，看得懂基本的数字，等等。这些自主行为增强了妇女们积极的自我认同感，也增强了社工的成就感。

(2) 学习了职场的基本技能，生活掌控感得到提升。生活掌控感的概念源于生态系统理论，是指个人对环境的适应能力。K村土地平整，妇女们从传统的农业耕作者变成了农业企业的工人。“巧娘班”帮助在大棚蔬菜园工作的妇女学习蔬菜、劳作工具等的名称，帮助一些在电子厂工作的妇女认读一些零件名称。妇女们的学习能力有限，但经过努力，她们对工作环境、工作流程的文字表述有了进一步的认识。

阿姨们现在在厂里上班不再像以前那样，什么事都要靠别人帮助，她们可以自己签字。有一个阿姨更典型，她自己赚的钱自己收起来保管，她感觉这样很好，很开心。(S3)

以前不认识字，内心比较放不开，感觉抬不起头，现在我可以用微信打一些字，感觉在生活方面有了很大改变。(W3)

(3) 推动农村社区学习氛围的形成。当家庭经济资源有限时，当地一些家庭会选择优先保证男孩的受教育权，不少女孩就这样错过了最佳的学习时机。大多数"巧娘班"学员都有过这样的经历。

她们抱怨过父母，说父母不让她们读书。一位妇女还经常说，如果她有初中文凭，现在的生活就会完全不一样。因此她们现在学习的动力很足，也很珍惜每个学习机会。她们学习认真、主动，她们学习的毅力也影响和感动了她们的孩子或孙子(孙女)，推动了社区学习氛围的形成。(S2)

有一个70多岁的阿姨，她每次都来，而且学习非常认真，写的字也很好看。她的孙女也经常陪她来，她的孙女学习成绩在班里是数一数二的。我想，长辈们的这种学习精神总能影响孩子。(S1)

在开班期间，社工也发现了很多默默坚持学习的阿姨们。有一位年轻妈妈不仅自己来读书学习，还抱着自己4岁的女儿来听课，她开玩笑地说："扫盲从娃娃抓起。"有一位阿姨白天卖菜，晚上就骑着卖菜的摩托车过来听课。还有一位阿姨从"巧娘班"开班到现在每天都来上课，从不间断。还有一位奶奶，她已经70多岁了，是"巧娘班"里最年长的学员，每天也和其他阿姨一样坚持来上课……"巧娘班"里的学员们都非常可爱、热情，看见社工，她们都非常开心地称呼社工为老师。(S3)

(4) 妇女自助小组已有雏形，留守妇女的社区情感得到加强。K村"巧娘班"是社工与妇女骨干们协商组建起来的，除了一起学习文化知识外，"巧娘班"学员彼此之间的联系也更加密切了，她们还建了一个微信群，大家经常在微信群里聊天。相比于之前忙于家庭事务与工作，无暇与他人交往的境况，一起学习、聊天、参加活动等增强了妇女之间的联系，这为后期成立妇女自助组织奠定了重要的基础。2019年，“巧娘班”申报福建省恒生基金会“姐妹乡伴”项目的基金支持，着手参与社区治理，K村妇女主任是该项目的申报人，她在访谈中提道：

“有了这个基金的支持，我们可以在原来‘巧娘班’的基础上开展一些活动，本来不知道怎么做，后来社工带我们几个人去厦门参观，大家回来后都信心满满，也想为村里做点事情。看到别的村那么干净、漂亮，我们村努力一下也可以，大家种点花，村里会更漂亮。年前，社工组织我们去清理河边垃圾，大家也都积极参加，没有怨言。”

四、总结与反思

在福建省农村“精准扶贫”和农村“三社联动”服务试点两个项目的支持下，K村的社会工作服务关注到了留守妇女群体，评估了她们的生活困境与需求，经历了从需求满足阶段的服务介入到增能赋权实务取向的转变。K村留守妇女的增能实践有力地推动了项目的可持续发展。但增能视角是一种整全视角，同时环境与个人，在实践中社工面临着如何将两者整合起来的困境。对此，我们需要从以下三个方面进行反思。

（一）向增能视角的转向是项目可持续发展的基础

社会工作是一门助人的学科，传统的个人主义（改良主义）流派认为社会工作是以满足个人需求并以改善整体福利服务为目标的。多米内利认为，该流派维护社会秩序和社会结构，维护艰难时期身处困境的人们，让他们再度恢复稳定。[①] 无论是个人层面的精神分析、问题解决模式，家庭层面的沟通理论、家庭治疗模式，还是社会结构层面的社会发展模式、系统模式，均呈现了主客体二元对立的特征，目的都是帮助个人更好地适应社会。K村“巧娘班”开设之初的目的在于帮助农村妇女学习文化知识，以适应农村现代化、信息化的生活环境。提升个人能力以适应变换的环境，从目标的设定上来看更符合个人主义（改良主义）的视角。但在实践的过程中，由于年龄、工作、家庭等因素，“巧娘班”的学员也时常对学习感到力不从心，学习过程中的缺席也时常发生。如果社会工作实践仅仅推动妇女以外界环境为标准进行改变，如严格按照学习计划和学习内容推进“巧娘班”教学，那么势必会降低妇女们学习的积极性，使她们陷入一种新的压迫关系中。农村妇女的弱势处境主要是由资源的稀缺以及传统文化、日常生活环境对于女性的压迫造成的，个人主义（改良主义）视角忽略了社会结构对农村妇女的影响。

增能社会工作同时关注环境与个人，倡导社工在实践中进行反思，所有在实践中遇到的困难和障碍都极大地推动了社工改变或修改原有的服务路径。在遇到“巧娘班”人员参与积极性不高的困境时，项目社工积极主动与服务对象沟通，倾听她们的声音，与她们协商，及时调整学习内容，如增加了书写名字、学习数字、学习看工资条、学习使用手机等学习内容。这些学习内容由社工与妇女们协商而定，更加贴近她们的日常生活，更具有实用性，因而激发了妇女们学习的动力。与此同时，社工积极链接外部资源，以“巧娘班”的前期服务为基础，倡导妇女们积极申报福建省恒生基金会“好厝边”

① Joan Orme, Lena Dominelli and Audrey Mullender, “Working with Violent Men from a Feminist Social Work Perspective,” *International Social Work*, 2000, 43(1): 89-105.

乡村妇女成长项目,并成功获得立项。这极大地激励了K村妇女的参与热情,“巧娘班”从最初的知识学习逐渐拓展到妇女组织与公民意识的建构。此后,“巧娘班”与社工相互促进,共同推动K村妇女自助组织的发展。因此,视角的转变是服务行动转向的基础。增能社会工作注重个人在现行社会生活中发挥潜能的整全视角,是促进社工反思服务困境的重要基础。

(二)个人层面的意识觉醒需要融合场景化和过程化的服务方式

美国增能社会工作注重个人应对环境挑战能力的提升,这一能力提升的途径包括意识的觉醒与群体行动的建构;英国增能社会工作强调平等服务关系的建构及其场景化、过程化和集体化的服务方式。K村妇女社会工作的增能实践集中在两个要素上,即意识的觉醒和群体的行动。以K村的“巧娘班”为例,除了传授文化知识外,“巧娘班”还有一个重要作用,那就是搭建了一个让妇女们在一起交流自己的故事的平台。事实上,K村的妇女们意识到了现实生活中艰难处境的结构因素,社工的干预和介入,为她们提供了一个集体交流的平台。虽然妇女们在讲述自己的故事时十分平淡,但是社工在这个过程中发现了她们的困境。

现在当月嫂至少要有初中学历,可是她们现在根本不可能有。哎,真是太可惜了,她们还年轻呢。我们再怎么做也无法弥补这个遗憾了。(S1)

社工们认为,虽然K村妇女很积极地学习文化知识,但她们依然无法突破生活带来的诸多限制和无权的生活处境,学习文化知识也无法真正地帮助她们。亚当斯的增能理论强调社工与服务对象相互促进、共同成长,服务对象的增能必然是场景化的,是在日常生活的问题场景中重新发现、确认和界定问题并且寻找解决问题的方式的过程,并非程序化地解决问题。因此,在应对意识觉醒与社会结构难以改变之间的张力时，社工和服务对象需要在日常生活中共同寻找具体的可解决的问题以及解决问题的方法，逐渐改变当下的生活状况；同时，社工要与服务对象一起建构更加积极的自我。日常生活是增能社会工作实践的核心要素之一，社工应该参与服务对象的日常生活，推动服务对象日常生活的改变。

（三）尊重差异、发展互惠性关系是增能社会工作实践中社会层面改变的突破点

个人与社会整合视角下的增能社会工作实践同时也面临着个人的意识觉醒与社会结构、权力关系难以改变的矛盾，场景化的思维与行动方向可以关注到服务对象的日常生活及其改变。与此同时，女性主义视角下的对主体之间的差异性的尊重和互惠性关系的建立也是增能社会工作实践中社会层面改变的突破点。

随着女性主义思想的发展，女性主义视角下的社会工作也在不断被诠释和重构，呈现出了关联性、独特性和平等性。在关联性方面，“巧娘班”是一群农村妇女在日常生活中互动的结果，它并不是自上而下建立的，而是以社工倾听女性故事，理解她们生活中的权力关系为基础，通过社区活动建立起来的平台。女性相比男性而言有着更强烈的情感需求与更强的人际关联能力。女性的增能实践离不开故事的讲述与情感的表达。因此，讲述故事是社工赋予农村妇女了解自己生活的权利，支持农村妇女获取对自己生活的控制权的重要策略。

女性主义倡导“个人的即政治的”，个人困境与公共问题相关联。这也是增能实践的基础，但女性主义强调的公共领域的转变并不是普适性的标准，如希望女性可以获得和男性一样的社会地位、权力和生活模式。女性主义倡导多元化的生活，尊重主体之间的差异性。但在一部分农村地区，“重男轻女”的性别文化塑造着女性不同于男性的个性与生活模式。传统社会工作从功能主义视角出发，关注人与人之间的责任关系，被照顾者只是获取，而照顾者只是付出，这种责任关系是单向的，忽视了互惠性，而女性通常被赋予照顾者的角色。第三波女性主义思潮关注黑人女性的生活压力与其文化和社会处境的关联性，否定传统女性主义的非此即彼的逻辑，强调尊重人的差异性及互惠人际互动的建构。多米内利认为，真正的互惠性是建立在女性的能量基础上的，女性有能力将这种关系从依赖推进到相互依赖。① 而推动这种关系改变的关键因素不仅仅是女性关于其社会地位的自我意识觉醒，也涵盖了女性在多元文化处境中的自我认知和自我关怀。增能实践的注意力逐渐从寻求压迫性社会结构的直接变革转向发展女性的能力上。发展女性能力从尊重差异性开始，女性的自我认知与自我关怀是建立互惠性社会关系的基础。因此，K 村妇女的增能实践还需要从整体的社会关系角度来开展，根据妇女以家庭为中心的立场来建立互惠性的社会关系。

① Joan Orme, Lena Dominelli and Audrey Mullender, “Working with violent men from a feminist social work perspective,” *International Social Work*, 2000, 43(1): 89－105.

第四章　家庭功能缺失与留守儿童可行能力贫困治理案例

一、问题提出

改革开放以来，中国流动人口规模持续高速增长，2017 年流动人口达到 2.45 亿人①。人口的规模化流动在促进经济与社会发展的同时，也导致大量农村留守儿童的出现。据教育部 2015 年统计，全国义务教育阶段农村留守儿童保守估计有 2 019 万人。② 留守儿童问题的存在不仅影响留守儿童的健康成长，而且与贫困治理尤其是贫困代际传递问题密切相关。党和国家高度重视留守儿童贫困治理问题。2014 年 12 月，习近平总书记在河北阜平调研时就指出，“把贫困地区的孩子培养出来，这才是根本的扶贫之策”。《中共中央 国务院关于打赢脱贫攻坚战的决定》指出：“健全留守儿童、留守妇女、留守老人和残疾人关爱服务体系……建立家庭、学校、基层组织、政府

① 国家卫生和计划生育委员会流动人口司：《中国流动人口发展报告 2017》，中国人口出版社 2017 年版，第 189 页。

② 李静、刘畅、侯福妍等：《我国留守儿童发展研究综述》，载《高校社科动态》2017 年第 1 期。

和社会力量相衔接的留守儿童关爱服务网络。”2015 年 11 月，习近平总书记在中央扶贫开发工作会议上指出，“治贫先治愚，扶贫先扶智……要对农村贫困家庭幼儿特别是留守儿童给予特殊关爱”。在脱贫攻坚工作中，关爱留守儿童、阻断贫困代际传递显得尤为重要。

留守儿童贫困问题的产生与家庭功能缺失密切相关。家庭具有的满足人类生存的各种需要，以适应和改变社会环境的功用和效能被称为家庭功能，它是一个家庭整体性的外在表现。农村留守儿童家庭中父母的长期缺位导致家庭功能的缺失与紊乱。[①] 家庭功能缺失对留守儿童产生了较多的负面影响。目前，在留守儿童社交回避、心理障碍和反社会行为等方面已有大量研究成果。例如：刘幸娟等对延边地区留守儿童的社交回避问题进行研究，发现家庭功能状况较好的留守儿童的社交回避程度要显著低于家庭功能不良的留守儿童[②]；范兴华等的研究表明，留守儿童的家庭功能普遍不如非留守儿童的家庭，与非留守儿童相比，留守儿童具有更强的孤独感和更低的幸福感[③]。家庭功能的缺失导致一些留守儿童的社会自我效能感低、情绪调节能力差，他们容易出现抑郁与焦虑等消极情绪。向伟等的研究表明，留守儿童在认知情绪调节和适应性认知情绪策略上的得分显著低于非留守儿童。[④] 也有研究认为，与非留守儿童相比，家庭功能的缺失导致留守儿童

① 李琳、明兰：《大数据时代贵州省农村留守儿童家庭功能的嬗变》，载《时代经济》2018 年第 2 期。

② 刘幸娟、梁卓唯、张月娥等：《吉林省延边地区留守儿童社交回避与苦恼状况研究》，载《现代交际》2017 年第 14 期。

③ 范兴华、余思、彭佳等：《留守儿童生活压力与孤独感、幸福感的关系：心理资本的中介与调节作用》，载《心理科学》2017 年第 2 期。

④ 向伟、肖汉仕：《家庭功能对农村留守儿童情绪健康的影响效应》，载《湖南农业大学学报(社会科学版)》2018 年第 6 期。

行为偏差、社交恐惧等问题较突出。[①] 表面完整但实际功能不完整的家庭环境容易造成留守儿童生理、心理、社会性发展障碍，甚至会出现失范行为。

从家庭功能缺失角度关注留守儿童的研究大多聚焦于家庭功能缺失给留守儿童造成的某一方面问题，却较少对这些问题进行整体性的理论思考，提出综合性的、协同性的治理思路与解决对策，这为本章案例研究预留了空间。基于此，本章试图将家庭功能缺失导致的留守儿童问题纳入能力贫困概念框架中，并结合留守儿童能力贫困的多维性、个体差异性特点，引入多中心治理理论，建构留守儿童能力贫困治理的多元主体参与机制，进而化解家庭功能缺失诱发的留守儿童能力贫困问题，阻断贫困的代际传递。

二、留守儿童可行能力贫困治理：理论基础与分析框架

（一）理论基础：可行能力贫困理论与多中心治理理论

1. 可行能力贫困理论

“可行能力”是阿马蒂亚·森（Amartya Sen）在《以自由看待发展》一书中提出的一个概念。他认为，“可行能力”是指“此人有可能实现的、各种可能的功能性活动组合”。功能性活动是指一个人认为值得他去做的各种各样的事情，“包括吃、穿、住、行、读书、看电视、社会参与（投票选举、在公共媒体上发表言论观点、去教堂做礼拜）等。有价值的功能性活动种类很多，从

① 张孝义、王瑞乐、杨琪等：《家庭环境对留守儿童问题行为的影响：交流恐惧的中介作用》，载《中国特殊教育》2018年第4期。

很低级的要求(如有足够的营养和不受可以避免的疾病之害)到非常复杂的活动或者个人的状态(如参与社区生活和拥有自尊)”①。这些功能性活动的实现需要多样的可行能力组合,同时也是多种机会与自由。在研究贫困问题上,阿马蒂亚·森认为“贫困是可行能力被剥夺的状态”。贫困不仅仅是收入低、资源缺乏的问题,更是一个无法获得某些最低限度需要的功能和能力的问题。可行能力方法拓展了经济学中的人力资本分析方法,即不仅关注人们的生产性能力,同时还关注人们的生活方式的教育和训练,并将两者密切联系起来,从而实现人们有理由珍视的那种生活,拓展人们所拥有的真实选择的能力(实质自由)。

2. 多中心治理理论

“多中心”一词由迈克尔·博兰尼(Michael Polanyi)在《自由的逻辑》一书中首次提及。20 世纪 90 年代,以埃莉诺·奥斯特罗姆(Elinor Ostrom)为代表的制度分析学派将“多中心”引入公共领域,提出了多中心治理理论。奥斯特罗姆认为,在公共事务治理和社会问题解决中,多元主体的参与能达到共同利益的最大化,因为不同主体“有可能将自己组织起来,进行自主治理,从而能在所有人都面对搭便车、规避责任或其他机会主义行为诱惑的情况下,取得持续的共同收益”②。

多中心治理理论的核心内涵包括如下几个方面:一是强调主体参与治理公共事务的多元性。社会问题日益复杂,仅靠政府单方力量来解决愈显

① [印度]阿马蒂亚·森:《以自由看待发展》,任赜、于真译,中国人民大学出版社 2002 年版,第 62 页。

② 胡德胜:《运用复合措施构建生态系统保护治理体系》,2015 年全国环境资源法学研讨会会议论文,上海,2015 年,第 544 页。

乏力，因而需要市场、社会、非政府组织、政府、企业、个人等多元主体的参与。二是多元主体的利益具有多元化特征，这要求各主体在公共事务治理过程中经过冲突、对话、协商等形式达到一种协同与平衡状态。各主体要在公共事务治理过程中根据自身所应承担的责任制定相应的制度，通过制度的实施与执行，实现协同共治。三是要求政府转变角色。多中心治理意味着政府从直接的管理者转变为间接的管理者，由公共事务的掌舵者变成引导者和中介，从而达到多元主体的参与和共治。①

（二）分析框架：联结可行能力贫困理论与多中心治理理论

已有研究表明，与非留守儿童相比，家庭功能缺失是留守儿童学习能力障碍、情感障碍、社交障碍、心理障碍乃至反社会行为等问题生成的关键变量。在对这些问题进行分析时，已有研究多侧重于对某一方面的问题展开讨论，并提出相应的对策，缺乏一个综合性的分析范式，影响了我们对问题的整体性、系统性认识与化解。阿马蒂亚·森的可行能力贫困理论将贫困视为一种可行能力被剥夺的状态，认为贫困使人们无法实现“有理由珍视的生活”，各种基本的生活需求和复杂活动的功能性组合都会受到制约。父母双方或一方的外出务工，家庭情感、教化等功能的缺失，使留守儿童产生的各种问题，是社会转型背景下短期能消除的制度结构性问题。留守儿童问题的实质是学业、情感、心理和社交等功能性组合受到制约，自己有理由珍视的生活无法实现，即可行能力贫困。由此，我们可以将留守儿童问题纳入可行能力贫困理论范式中进行综合性的理论诊断。在可行能力视角下，留

① ［美］埃莉诺·奥斯特罗姆：《公共事物的治理之道：集体行动制度的演讲》，余逊达、陈旭东译，上海译文出版社 2012 年版，第 53 页。

守儿童的贫困具有总体多维性、个体差异性等特点，即总体上呈现出学业、情感、心理和社交等多方面的问题，同时也因个体在各个维度上呈现出的状态不同而存在一定的差异性。

毋庸置疑，可行能力贫困理论对治理留守儿童问题具有认知指导性的价值和意义。但是，可行能力贫困理论并未就谁来治理、如何治理等问题提出具体的理论方案。结合留守儿童可行能力贫困的总体多维性、个体差异性等特点，多中心治理理论强调公共事务治理过程中主体的多元性与协同性，它可为留守儿童可行能力贫困治理厘定治理主体和建构治理路径。在多中心治理理论的指导下，留守儿童可行能力贫困治理的主体包括政府、村庄、企业、社会组织、公众等。结合我国贫困治理由政府主导的特点，各治理主体应在政府主导或指导下，厘定各自的功能和职责，有序进入留守儿童可行能力贫困治理场域，发挥各自优势，开展协同治理。

综上所述，基于可行能力贫困理论和多中心治理理论在留守儿童可行能力贫困诊断和治理过程中特有的理论价值，本章将这两个理论相结合，建构了留守儿童可行能力贫困的多元主体治理分析框架。

三、家庭功能缺失与留守儿童可行能力贫困的生成

2018 年 8 月，本章案例研究课题组成员在苏北 T 村走访留守儿童家庭，了解该村留守儿童、其家长以及他们之间的日常互动情况，收集了大量留守儿童相关资料。苏北 T 村位于废黄河沿线，是江苏省渠北片区的经济薄弱村。T 村下辖 11 个村民小组，共有 1 005 户 4 210 人，其中贫困户有 76 户 280 人(2017 年年底数据)。全村劳动力人口有 1 650 人，其中外出务工人口

有 1 260 人，占比高达 76%；父母全部外出的留守儿童有 131 人。

（一）家庭功能缺失

由于外出务工人口较多，苏北 T 村留守儿童家庭功能缺失，主要表现为父母亲情关爱缺失和祖辈教养方式欠妥。

1. 情感满足功能缺失

家庭是儿童社会化的重要场所，也是满足人类情感需要的无可替代的初级群体。在城市化过程中，城市的拉力和农村的推力使农村大部分青壮年到城市务工，其家庭成员可能分散于多地，满足儿童情感需要的家庭功能无法发挥作用。在这种暂时无法改变的境况下，一些父母因无助与无奈而将对孩子的情感关怀变成了物质上的支持与日常生活的问候。父母与孩子的相处出现了相见时欢喜、相处时无语的矛盾。这一矛盾的出现主要是因为情感培养所需的时间链长期、多次地断裂。在苏北 T 村，外出务工的父母对孩子的亲情关爱偏向物质性、短暂性，涉及范围较小，具体体现在如下方面。

一是借助电话与家人沟通，关照孩子的日常生活和学习状态，无较多的了解与沟通。

爸爸妈妈前几天打视频电话过来，让我在家听话，好好学习。我不知道跟他们讲什么，他们也只是让我好好学习，问我吃穿情况，还有一些嘱咐我的话，让我帮爷爷奶奶干活。其实每次都差不多是这些，我长这么大，我的事都没有跟我爸妈说过，感觉没有必要。(20180807 - ZHQ)

二是以物质来搭建与孩子之间的桥梁。父母通过物质的供应来表达对孩子的关爱，同时也引起了孩子对他们的注意。但是这种物质上的满足无法弥补亲情的缺失，反而会影响孩子关爱他人的方式。

小宝爸妈出去三年没有回来，每次打电话都问小宝要什么东西，给小宝一些钱。这孩子都被惯坏了，乱花钱，还会拿东西和钱来哄我们和他妹妹。他爸妈也知道（这样对孩子不好），但怕孩子不想他们了，没办法。（20180807－ZXY）

三是只有逢年过节才返回家中看望孩子，返回次数少，陪伴孩子的时间短。虽然这种短暂的陪伴在一定程度上确实能让孩子感受到家庭的温暖和父母的关爱，但是在孩子刚刚开始享受父母带来的幸福时，父母又要离去，这种情况会导致孩子对父母的不信任以及陷入不断的思念之中。

（孩子）今年才回来，之前都是跟他爸妈在外面，在外面老是生病，就送回来了。回来后，想见他爸妈，又不说，就是不吃饭。直到村干部帮忙连接视频，孩子让他爸妈回来，我才晓得孩子是想爸妈了。（20180808－ZF）

苏北T村外出务工父母常见的三种关爱方式也是目前大多数留守儿童父母的关爱方式。这些关爱虽能在一定程度上弥补孩子的情感缺失，但很难满足孩子成长过程中对父母关爱的需求。

2. 家庭教化功能缺失

父母是孩子的第一任教师，发挥着养育和教育子女的重要功能。父母外出务工导致本该由父母承担的家庭教化责任开始由祖辈家长承担。社会的快速发展和隔代教育使代际矛盾日益凸显。与孩子的父母相比，祖辈家长年纪偏大，文化程度偏低，普遍秉承传统的教养理念，在教养方式上存在一些问题。一方面，祖辈家长对留守儿童心理、学业和健康等需求的回应能力不足。在关注孩子成长方面，祖辈家长更注重满足孩子的物质需求，往往忽视孩子的心理需求。又因文化程度有限，祖辈家长没有能力对孩子进行学业辅导，所以很少关心孩子的学业状况。在卫生习惯上，一些祖辈家长的健康意识薄弱，对留守儿童健康卫生习惯的养成关注不足，甚至在留守儿童生病时不会及时带他们就医。另一方面，一些祖辈家长受“棍棒底下出孝子”“打是亲、骂是爱”等传统教养观念的影响，教育方式简单、粗暴，易走极端。他们与孩子沟通较少，对孩子缺乏引导，对孩子所犯错误不予以理解和宽容。

MXY，13 岁，父母离异，父亲在外务工，爷爷奶奶在家照顾她和她 8 岁的弟弟。她向课题组成员讲述了自己和爷爷奶奶相处的日常：“我知道爷爷奶奶照顾我们不容易，我也不和他们顶嘴。和他们谈得最多的是生活中的事情，我个人的事情可以跟朋友说，不会和爷爷奶奶讲，他们不懂，我也不想他们操心。我奶奶的脾气不好，爷爷会跟我们讲道理。我弟每次不听话，我奶奶就是打，但是越打，他就越不听，反而听我爷爷的话。”（20180807 - MXY）

LCJ，40 岁，是该村幼儿园的老师，也是留守儿童的家庭作业辅导老师，对该村的留守儿童关心备至。据她介绍，父母的缺位对孩子的成长影响很大。由于孩子放学后都会去她家里写作业，她对很多孩子的情况比较了解。有些孩子生病了，爷爷奶奶不以为意，而她会带孩子去看病。（20180808 - LCJ）

从对苏北 T 村留守儿童教养方式的了解可以看出，该村留守儿童的家庭教育是存在一定缺陷的。父母的缺位、祖辈家长教养方式欠妥都是家庭情感、教育功能未能很好发挥作用的原因。这不仅影响留守儿童各种能力的培养，而且会影响他们未来的发展。

（二）留守儿童可行能力贫困的生成

面对父母亲情关爱缺失、祖辈教养方式欠妥等问题，苏北 T 村部分留守儿童表现出学业、心理、社交、情感等诸多维度的可行能力贫困，同时也呈现出一定的个体差异性。

在学业上，留守儿童的学习能力和学习动力普遍低于非留守儿童。父母的缺位、祖辈家长文化素质较低，导致留守儿童在学业上缺乏家庭指导。同时，父母对孩子学习的关心仅停留在问候层面，未能在孩子学习遇到困难时提供帮助，也未培养孩子对学习的兴趣，更未形成家庭学习氛围。另外，个别留守儿童的家务负担较重，学习时间和精力常常被挤压。缺少正确的价值观指引，学习动力不足，也是部分留守儿童学习能力较差的原因。父母缺位以及缺位后关爱孩子的方式影响留守儿童世界观、价值观和人生观的形成，一些留守儿童形成了依托外出务工来改变家庭境况而不是通过学习提升自己来改变命运的观念。

父母在孩子的成长过程中具有无可替代的作用，父母的长期缺位容易导致孩子出现心理问题。留守儿童的心理贫困主要表现为缺乏安全感，具有严重的逆反心理。父母关爱长期缺失、祖辈教养方式欠妥、日常生活中的困难或挫折境遇，容易使部分留守儿童产生习得性无助，进而导致其缺乏安全感。与此同时，一些祖辈家长传统的“棍棒”教育模式容易导致留守儿童形成逆反心理，从而对祖辈家长产生抗拒。从前文 MXY 的讲述中我们可以知道，其奶奶的教育方式就是“打”。“棍棒”教育下的儿童由于内心不被理解，错误不被包容，易产生愤怒感和委屈感。一旦他们的想法得不到支持和理解，加上缺乏正确的沟通和引导，他们就会形成逆反心理。如果这种逆反心理得不到正确的引导，就会对留守儿童的社会化造成一定的阻碍，甚至影响其生存与发展。

性别、年龄、家庭教养方式、学习困难程度、健康状况、教师的教育方式、家庭生活的质量等因素都会影响留守儿童的社交回避程度。一些留守儿童的性格较孤僻和自卑，社交能力欠佳。课题组成员在调研过程中，无论是在留守儿童的家里还是在路上，都没有遇到孩子主动打招呼的情况。甚至在留守儿童家里，他们都躲在爷爷奶奶身后。只有个别胆大的孩子在幼儿园李老师的引导下才和课题组成员说话，接受课题组成员的采访。因而对 T 村留守儿童社交情况的了解主要源于李老师的介绍和课题组成员的观察。

这个村的留守儿童多，这些孩子都比较胆小，个别孩子性格孤僻，不愿意与同学、家长沟通交流，往往沉默不语，课上、课下活动几乎都不参与，遇到问题也不寻求帮助，非常封闭。他们很多都是不自信的，比较自卑，在众人面前讲话会非常紧张。（20180808－LCJ）

基于家庭关爱培养出来的情感能力将影响留守儿童的一生。留守儿童的家庭虽然形式上是完整的，但是实质上是残缺的。父母迫于生活压力将孩子托付于祖辈家长照顾，他们则常常通过物质的形式来弥补孩子缺失的亲情，殊不知儿童的社会化就是对其所处环境的感知和模仿。父母以物质满足代替情感培养的关爱方式会对留守儿童产生影响，使其在关爱别人时同样使用物质形式，甚至有些留守儿童不知道如何关爱他人，不知道如何表达自己的情感。情感能力不足进一步影响留守儿童的社交能力与社会化。

这些问题实质上是家庭功能缺失导致的留守儿童多种能力的欠缺，最终成为留守儿童能力不足的表现。

四、多元主体关爱服务体系建构与留守儿童可行能力贫困治理

我国扶贫开发工作具有以政府为单一治理主体的特点。但是留守儿童的贫困不同于生计资本短缺的贫困，这是一种由家庭功能缺失导致的可行能力贫困。在现代化过程中，农村青壮年返乡发展仍是长期的过程。在这期间，农村留守儿童因家庭功能缺失而出现的可行能力贫困仍是亟待解决的问题。由于留守儿童可行能力贫困的总体多维性和个体差异性，仅仅依靠政府的力量解决贫困问题存在成本高、效率低和灵活性差等问题。目前，我国政府对留守儿童的关注主要集中于教育层面，涉及范围较小，效果也一般。同时，由于在关爱留守儿童方面缺乏有效的统筹和规划，部分地区呈现出爱心援助混乱的局面，导致资源浪费，帮扶措施浮于表面，帮扶效果较差。为了解决留守儿童可行能力贫困问题，政府有必要转变角色，由掌舵者变为引导者，统筹规划并整合社会资源，形成多元治理体系，提升治理效率，实现公共利益的最大化，从而真正提升留守儿童的多种能力，阻断贫困的代际传递。

（一）构建关爱农村留守儿童的多元主体协同治理机制

“协同治理”是一种以多元治理主体协调共治为核心的实践模式，它强调协同合作的治理理念。关爱农村留守儿童，解决其可行能力贫困问题，需要政府发挥自身力量以及整合企业、社会组织、社区力量等社会资源，实现各主体优势互补，共同治理。

1. 政府主导

留守儿童可行能力贫困问题是在社会转型与发展背景下产生的结构性问题。长期以来，基层政府及其相关职能部门在乡村教育、基本医疗、住房安全和公共服务等方面投入了大量资源，这些常规性工作对于治理留守儿童可行能力贫困发挥着基础性作用。政府在治理留守儿童可行能力贫困问题上，不仅要扮演参与者的角色，还应该扮演统筹者的角色。

在苏北T村治理留守儿童可行能力贫困的实践中，政府发挥了引导、组织与统筹的作用。随着驻村帮扶工作制度的建立和实施，省级政府部门派驻干部到T村开展帮扶服务。针对T村留守儿童数量多且可行能力贫困问题突出的问题，2016年5月，驻村第一书记提议通过微信"轻松筹"平台发起公益众筹活动，为全村84名贫困家庭儿童（其中多为留守儿童）每人筹集600元助学金。2016年11月，在省委驻滨海县帮扶工作队的帮助下，T村结合省级机关青年科技、文化、卫生"三下乡"活动积极争取省级机关群团组织的关心与支持，募集资金20万元，建起了江苏省滨海县首个留守儿童关爱中心。该中心占地面积约为80平方米，设立了学习阅读区、亲情视频区和通话区、才艺展示区、温情交流区等功能区，添置了少儿读物、电脑、电话、LED显示屏等设施。该中心的建立为当地家庭培养亲子感情提供了平台。

在当地政府和驻村干部的指导下，留守儿童关爱中心建立了相应的管理制度，由T村两委负责日常管理运行。T村两委利用留守儿童关爱中心承接援助项目和资源，并安排专职人员负责中心的日常管理工作，对中心设备使用情况进行登记备案，整理留守儿童相关材料并反馈给捐赠人。该中心逐渐发展成为外界与当地留守儿童沟通和传递信息、资源的桥梁。此外，即使社会组织、企业乃至公众已经逐渐进入公共治理领域，但这些主体要发挥作用仍然需要政府提供制度、资源和渠道等诸多方面的支持。

2. 企业支持

企业是社会的一部分，是社会发展所需资金来源渠道之一。不论是社会的整体性原则还是社会与市场的互嵌，都促使企业这个微观群体参与留守儿童可行能力贫困治理。对于留守儿童家庭功能的缺失，企业有社会责任。正是这千千万万留守儿童父母的辛苦付出才使得很多企业得以正常运转，因此对留守儿童的关爱是企业对社会的回馈。企业这一主体在留守儿童可行能力贫困治理体系中主要起着资金支持和家庭支持作用。企业主要通过给予员工更多的家庭福利，让员工有更多的探亲假和探亲补贴，从而增加留守儿童家庭团聚的机会来帮助留守儿童。另外，企业可以为留守儿童提供一定的物质帮助，如设立助学基金，以减轻家里的经济负担，激发他们的学习欲望，从而提升他们的学习能力。

一些企业也参与了苏北T村的留守儿童关爱活动。2017年4月，华夏人寿保险股份有限公司江苏分公司秉承"让华夏充满爱"的企业使命，在T村设置了"华夏保险助学基金"(4万元/年)、"华夏保险奖学基金"(3万元/年)，并为留守儿童设置了"意外保障计划"(1万元/年)。此外，该公司还组织员工到留守儿童关爱中心进行现场慰问，并为贫困的留守儿童捐赠书包、文具等学习用品。企业的参与为T村关爱留守儿童相关项目的运行提供了资金，一方面减轻了政府的财政压力与留守儿童家庭的经济负担，另一方面也促进了社会力量的参与。

3. 社会参与

社会参与是组织非政府组织和个人等志愿性力量来促进留守儿童可行能力贫困问题的解决。受中国传统美德影响，中国志愿性力量是一股强大的力量。但是由于中国志愿服务体制不健全、监管机制不完善，这一力量没有得到有效利用。在多元主体协同治理留守儿童可行能力贫困问题的过程中，社会志愿性力量应发挥其自发性、利他性、公益性等特点并在协同治理中扮演辅助性角色。

苏北T村在关爱留守儿童社会参与方面主要是配合政府统筹以及针对留守儿童的需要开展活动。2016年12月，滨海县“青橙之家”志愿者服务协会组织的志愿者来到留守儿童关爱中心，开展学业辅导、心理疏导以及相关服务工作。另外，苏北T村以留守儿童关爱中心为站点，与高校对接项目，寒暑假期间，由高校组织大学生对T村留守儿童进行教育辅导和支持。苏北T村还以留守儿童关爱中心为依托，开展“爱心妈妈”“代理家长”等主题活动，链接社会爱心人士结对帮扶，为留守儿童提供生活关怀、学习辅导、心理疏导等服务。在政府的统筹下，志愿服务与留守儿童需求有效衔接，自发性、短暂性的志愿服务转变为具有长期性、稳定性的服务机制，服务效果也增强了。

4. 社区自助

农村社区是一个熟人社会，村民熟悉社区里的情况，村民之间往往以情共处。因此，与其他主体相比，农村社区力量在关爱留守儿童方面更具有优势。此外，农村社区是留守儿童成长的环境，在家庭功能缺失的情况下，社区对留守儿童的关怀以及对留守儿童可行能力贫困治理至关重要。有关部门应激发农村社区的内在动力，挖掘农村社区内部资源，将社区打造成关爱留守儿童的主阵地。

针对留守儿童可行能力贫困治理，T村较好的治理实践主要得益于其发动了群众力量来关爱留守儿童。该村幼儿园园长LCJ，大专毕业，关心家乡教育事业的发展，放弃了外面较好的工作机会回村任教。留守儿童关爱中心成立后，她志愿为留守儿童开展日常关爱服务。LCJ提供的服务包括节假日播放教育影片、动画片，组织儿童学习跳舞，开展课业辅导，帮助留守儿童与他们的父母进行视频通话，对留守儿童进行心理疏导，等等。此外，一些年长者也参与到这场爱心活动中。2015年，该村幼儿园发动并组织由老党员、老干部、老教师、老军人、老劳模等组成的“五老”志愿者队伍近300人。“五老”志愿者队伍利用其工作经验、自身威望、人际关系等，在关爱留守儿童方面发挥了重要作用。首先，“五老”志愿者队伍的日常“巡逻”为避免留守儿童发生安全事故提供了保障。其次，针对一些贫困家庭子女入学难的问题，“五老”志愿者队伍利用自己的人际关系，找企业捐资助学，先后为幼儿园筹集助学资金14.5万元，为其他40多个贫困中小学学生找到了可常年提供资助的企业。每个贫困学生每年获得资助约为2 000元。

我发现我们村的PYT一直没有户口，因为她是被领养的。后来她要考大学，但因没有户口而没法报考。我就跑了好几次县公安局，并按照县公安局的要求，召集群众召开座谈会，提供证明材料，才给这个女娃上了户口，她也顺利考上了大学。(20180808－LZM)

农村社区成为多元主体协同治理的一员，其不仅具有熟悉情况、措施针对性强等优势，而且能及时传达、贯彻政策，配合政府统筹，促进关爱留守儿童体系的完善。

(二) 留守儿童可行能力贫困的有效治理措施

家庭功能缺失导致的留守儿童可行能力贫困具有多维性，以政府为主导，协同其他主体，各自发挥优势的多元主体协调治理路径对留守儿童可行能力贫困治理有一定的效果。政府、企业、社会组织和社区的参与在留守儿童的情感培养与教育方面发挥了作用，促进了留守儿童多种可行能力的提升。

1. 培养情感能力

家庭的情感满足功能是其他关爱无法替代的，但是其他关爱会减轻情感满足功能缺失对留守儿童造成的伤害。多元主体对留守儿童的关爱可使留守儿童感受到温暖，进而影响留守儿童的价值观、人生观、世界观，并提升其感受爱与表达爱的能力。华夏人寿保险股份有限公司江苏分公司为T村留守儿童提供物质支持，“五老”志愿者队伍、T村幼儿园园长等对留守儿童的日常关爱与守护，留守儿童关爱中心为留守儿童提供娱乐休闲功能区，等等，这些措施无不充满着对留守儿童的关爱。T村留守儿童在各种社会力量的关爱下也懂得了回馈与感恩。

这些孩子也知道感谢我，逢年过节都会向我问好，有的还会给我带小礼物，我很知足。(20180808－LCJ)

2. 提升学习能力

由于多种原因，部分留守儿童的学习意识薄弱，学习主动性较差。社会多方面的关注与帮扶不仅为其学习提供了更好的条件，而且激发了他们学习的动力。针对苏北T村留守儿童的学业困难问题，LCJ利用留守儿童关爱中心和幼儿园教室场地，开设了“四点半课堂”，为该村留守儿童辅导作业。下午放学后，该村留守儿童一般都会到留守儿童关爱中心或幼儿园做完作业再回家。LCJ 组织的“四点半课堂”在该村留守儿童学业提升方面发挥了重要作用。同时，留守儿童关爱中心的各种读物以及大学生的援教，不仅有助于留守儿童开阔视野，增长知识，而且有利于他们形成正确的“三观”，激发他们的学习斗志。

3. 增强心理素质与社交能力

部分留守儿童的社交障碍是由心理上的自卑感以及缺乏关爱所致。留守儿童关爱中心设立亲情视频区和通话区，为留守儿童联络父母提供了平台，以增加亲子沟通频次来促进父母对留守儿童心理的关注，并努力提升留守儿童对父母的信任感以及其自身的安全感。“代理家长”活动不仅使留守儿童获得关爱，而且使其有机会与陌生人相处，提升其社交能力。村两委、“五老”志愿者队伍、LCJ 老师对留守儿童心理动态的关注，以及志愿服务的心理辅导都有利于培养留守儿童的自信心和社交能力，减少其自卑感和孤独感。

五、结论与思考

（一）结论

对留守儿童成长的关注是阻断贫困代际传递的一种方式。父母的外出务工导致家庭的社会化功能缺失，使得留守儿童的多种能力相比于非留守儿童有所欠缺，出现了社交、情感、学业、心理等多维度的可行能力贫困。解决这一贫困问题需要修复留守儿童的家庭功能。但是目前我国农村地区实现现代化仍需要一个过程，留守问题将继续存在。留守儿童可行能力贫困问题的解决仅仅依靠政府的力量是不够的。留守儿童数量多与政府精力有限的矛盾使得单一管理模式效率低下，效果不佳。以政府为主导的多元主体协同治理模式被一些地区较好地实践。苏北 T 村在政府的支持下，发动企业、社会组织、社区力量共同帮扶留守儿童。从该治理实践中我们可以看出，苏北 T 村打破了传统的单一管理模式，努力向多元主体协同治理模式转变。在政府的支持与引导下，企业、社会组织、社区各自发挥优势，共同促进留守儿童的成长。各主体在共同的愿景之下，既有地位上的平等性也有利益诉求的平等性，这使得它们相互协调，共享信息与资源，达成共同的目标。

（二）思考

多元主体协同治理留守儿童可行能力贫困虽初见成效，但是该治理模式的完善仍需要各方面的共同努力。首先，协同治理主体的多元性不够。多元化的表现形式倾向于政治、文化、经济、社会等多种治理语境的资源统合。当前参与留守儿童可行能力贫困治理的企业较少，社会力量较弱。其次，协同治理各主体之间的关系并不是对等的。虽然参与主体是多元的，但是该模式仍处于初级阶段，市场与社会的力量较小，社会影响力较弱，需要依靠政府牵头才能集中力量致力于共同目标。再次，各主体的职责不明确，协调性较差。多中心治理理论主张多元主体要根据自己所应承担的责任制定相应的制度，确保治理的高效性与准确性。然而，就留守儿童可行能力贫困治理而言，如果各主体之间的协调与合作不够紧密，那么可能会造成资源的浪费。最后，各主体的参与缺乏长期性、稳定性与专业性。在留守儿童可行能力贫困治理方面，各主体内部缺乏长期的、稳定的机制，各个主体之间缺乏有效的沟通协调机制，导致帮扶项目之间呈现一种断裂状态，这不利于共同目标的实现。

第五章　社会工作介入农村社区文化供给的实践探索案例

一、研究背景和问题

农村公共文化既是农民精神面貌的反映，又是乡村活力和乡风文明的重要体现。近年来，国家在农村地区投入了大量的资源，实施了一系列文化惠民工程，如广播电视村村通工程、全国文化信息资源共享工程、农村电影放映工程、农家书屋建设工程、送戏下乡工程和体育健身工程等，使得农村地区的文化基础设施建设得到了较大改善，同时也大大丰富了农民的文化生活。党的十九大报告指出，“让贫困人口和贫困地区同全国一道进入全面小康社会是我们党的庄严承诺”。由此，文化扶贫成为扶贫工作的重要内容。作为脱贫攻坚的重要抓手，文化扶贫强调“扶贫先扶智”以及“扶智”和“扶志”相结合，以此从精神上引领贫困人口全面脱贫。农村公共文化建设是党和政府高度关心的问题，对农村社会具有重要意义。

然而，对于当前农民的文化生活状况，学界存在两种观点：一种认为相比于改革开放前，当前农民的文化生活更加丰富；另一种则认为当前农民的文化生活大不如集体经济时期那样丰富。如果将农民的文化生活进一步划分成私文化和公共文化的话[①]，我们就会发现这两种观点的合理性。一些学者之所以认为当前农民的文化生活更加丰富，是因为电视、网络、智能手机等现代信息技术带来的面向家庭和个人的丰富多彩的文化盛宴，丰富了农民的私文化。而那些认为当前农民的文化生活大不如集体经济时期那样丰富的学者，则发现了当前农村公共文化式微的问题。农村公共文化为何式微？学界大致从以下三个方面提供了解释。

第一，供给不足。许多学者认为，受国家发展战略长期向城市倾斜的影响，农村公共文化供给不足的现象严重[②]，农村地区经济长期较低水平的均衡发展造成地方政府在文化供给方面的预算也较少。[③] 正是在压力型体制和官员激励机制的作用下，政府投入重经济而轻文化，致使农村公共文化的式微。

第二，需求表达不足。除了政府文化供给不足之外，农村公共文化式微的原因还在于需求表达不足。由于自上而下的“灌输式”文化供给方式，农民的主体性地位没有受到重视、需求偏好加总困难、投票规则不科学、受前置意识形态影响以及需求表达主体分散，这些共同制约着农民的文化需求

① 吴理财、夏国峰：《农民的文化生活：兴衰与重建——以安徽省为例》，载《中国农村观察》2007 年第 2 期。吴理财等将农民的文化生活划分为私文化和公共文化，他们通过调查发现，改革开放后现代性的私文化与传统的民间公共文化并存。现代性私文化伴随着智能手机的推广为农民所广泛享有，一些传统的民间公共文化，如修建祠堂和编订族谱以及宗教迷信活动则有“复兴”之象，而健康、文明的农村公共文化则面临式微的问题。

② 疏仁华：《论农村公共文化供给的缺失与对策》，载《中国行政管理》2007 年第 1 期。

③ 李佳：《农村公共文化产品供给模式创新——基于建构秩序与自主秩序结合的视角》，载《长白学刊》2012 年第 5 期。

表达。[①] 农民的需求表达不足，除了可能导致人们误以为农民在文化方面无需求或者文化需求已得到满足外，还可能导致国家文化供给与农民文化需求的错位。

第三，供需的错位。需求表达不足或者需求受重视程度不够会导致供需的错位，这是造成农村公共文化式微的另一原因。有许多学者将这种情况视为供给和需求的结构性失衡，供给过剩和文化需求满足不够表现为虽然文化机构及其工作人员配备齐全，但与农民的文化需求无法有效对接，难以充分发挥作用。[②] 这种错位的后果是，一方面国家在农村地区投入的文化资源浪费较为严重，另一方面农民的文化需求难以得到满足。

以上分别从文化供给的主体、客体以及主客体之间的对接三个角度解释了农村公共文化式微的原因。虽然有些实证研究指出了农村公共文化存在的具体问题和表现，但大部分研究偏重从宏观或中观的角度，静态地去理解和解释农村公共文化供给不足的结构性因素，以及这种供需对接发生错位的表现，并以此证明国家在公共文化供给制度设计方面存在的瑕疵。[③] 在这种逻辑指引下解决问题的方法，必然指向调整宏观上的制度设计。然而，试图单从宏观层面入手，以实现农村公共文化的繁荣，可能只是隔靴搔痒，因为中观层面的产品供给和需求之间还存在着一套动态发生机制。下面以社工组织、动员社区自我供给公共文化为例，探索社会工作在实现农村公共

① 孙浩、朱宜放：《公共文化服务供给中的农民需求表达研究》，载《湖北工业大学学报》2012 年第 6 期。

② 中共襄樊市委宣传部课题组、陈仁铭：《论农村文化配置的结构性失衡》，载《求实》2007 年第 3 期。

③ 陈仁铭：《略论当前农村文化主要矛盾》，载《社会主义研究》2007 年第 2 期。

文化供需对接中发挥的作用。

二、理论视角和研究方法

（一）公共产品理论

公共产品理论起源于对政府职能和国家财政“公共性”问题的讨论，我们可以从霍布斯（Hobbes）、休谟（Hume）、亚当·斯密（Adam Smith）、穆勒（Moorer）等理论家的著作中找到思想来源。1954 年，保罗·A. 塞缪尔森（Paul A. Samuelson）在《公共支出的纯粹理论》一文中，对公共产品进行了定义，即“每个个体对该产品的消费不会造成其他个体消费的减少”。后来，阿特金森（Atkinson）和斯蒂格里茨（Stiglitz）也提出类似的定义，认为公共产品具有“在对该产品的总支出不变的情况下，某个人消费的增加并不会使他人的消费以同量减少”的特征。一般来说，公共产品主要有以下几个特征：（1）效用的不可分割性。公共产品的消费对象为全体社会成员，其效用为大家所共享，不可将之分割开来供个体享用。（2）消费的非竞争性。在消费公共产品时，单个个体不会因为自己消费了或者消费多了，而影响其他人的消费质量和数量，即增加一个消费者的边际成本为零。（3）收益上的非排他性。公共产品一旦被生产出来，无论是付费者还是不付费者都能享用。因此，在很长一段时间内，“非竞争性”和“非排他性”成为公共产品的主要衡量标准。这就使公共产品与私人物品区别开来，公共产品的提供者自然也就指向了政府这一公共利益的代表。

（二）行动研究

自从社会心理学家库尔特·卢因（Kurt Lewin）在 1944 年最早提出行动

研究(action research)的概念后,行动研究的内容和方法得以不断发展,并被越来越多的专业所采用。作为一种新的研究范式,行动研究被看作一种实践培力增能的助人工作方法。它集研究、教育和实践于一体,是社会工作最重要的研究方法。古学斌指出:"行动研究能够很好地帮助农村社会工作者认识农村社区,在实践行动中寻找研究问题,制定农村社会工作的介入方案和实践行动方案。更重要的是,在实践的过程中不断地反思与农村社区民众的位阶、合作信任关系,在资料分析过程中持续地反思,与现有理论进行对话,累积经验,从而建立新的理论和实践模式。"①由于行动研究非常重视理论与现实的相互推进,融合社区实践的感受力和社会学的想象力,以驱动现实的改变,因此,有学者将行动研究看作一个"知行合一"的研究方法。②

为了落实党的十九大精神,贯彻《民政部 财政部 国务院扶贫办关于支持社会工作专业力量参与脱贫攻坚的指导意见》中提出的"实施社会工作教育对口扶贫计划"要求,全国 MSW 教指委、中国社会工作教育协会于 2018 年年初开始,组织全国各高校社会工作专业深入贫困地区开展对口扶贫工作。2018 年 7—8 月,本章案例研究者带领 20 名社会工作专业学生到江西省某贫困县的井村和洞村两个村庄开展了为期一个月的社会工作教育扶贫实践。

以张和清教授为代表开展的一系列行动研究让社工深受启发,并以此为借鉴,借教育扶贫之契机,借助人类学"同吃同住同劳动"的工作方法,融

① 古学斌:《行动研究与社会工作的介入》,载《中国社会工作研究》2013 年第 0 期。
② 张和清:《知行合一:社会工作行动研究的历程》,载《浙江工商大学学报》2015 年第 4 期。

入当地村民的生活实践当中，以“扶志”和“扶智”为主线，切实把握当地面临的问题、需求以及当地的优势。因此，社工提醒自己以村民为老师，用心体会、谦卑请教、虚心接受、认真总结，并建立每日总结会制度，以“头脑风暴法”讨论和总结每天的实践，以激发社会学的想象力；同时，与村民一同实践，以发现问题和需求、发掘优势、培养问题解决的能力。本章案例的材料主要包括社工的日志、项目计划书、活动报告和总结以及社工和当地村民的访谈资料。

三、社会工作介入S村公共文化供给的实践过程

（一）项目缘起及专业关系的建立

社会工作本身就是伴随着反贫困而产生的，西方社会工作在反贫困实践中建立起了自身的专业性并为社会所接受。同样，我国社会工作专业自20世纪80年代后期恢复重建以来，一直在努力向世人证明它在解决社会问题方面的效用。在精准扶贫的国家战略号召下，社会工作专业一方面积极响应并履行职责，参与到脱贫攻坚任务中，帮助贫困人口实现脱贫，另一方面也希冀以此证明社会工作的价值。

社会工作的先贤简·亚当斯(Jane Addams)创办的赫尔馆(Hull House)开创了社工将工作站建在贫困地区的先例，玛丽·埃伦·里士满(Mary Ellen Richmond)开创了走访贫困家庭以获取资料的先例。这两种方法成为社会工作在反贫困实践中的基本工作方法。为了尽快地全面了解村庄，尽早取得村民的信任，项目社工效仿了这两种方法，采用了两种策略。一是自上而下的策略。项目社工通过对村干部进行访谈，了解村里的人口、地理、

贫困状况等信息，既从整体上实现对村庄的把握，又对村庄的重点家庭和个体有所了解。二是自下而上的策略。首先，经过村支书的介绍，项目的两支队伍分别在两户村民家里搭伙做饭；其次，社工重点走访了村里的贫困户；最后，社工开展了针对青少年的暑期兴趣小组，招募了一批青少年。社工每天穿梭在村庄里，成为村庄里的一道亮丽的风景线。

社工白天走访调查，晚上集中讨论。经过大约一个星期的摸底，社工基本了解了井村和洞村这两个毗邻村庄的情况。截至 2018 年 7 月，井村有 8 个村民小组，共有 369 户 1 420 人，人均年纯收入为 5 700 元，贫困户有 51 户，贫困总人口为 188 人；洞村有 6 个村民小组，共有 232 户 908 人，贫困户有 44 户，贫困总人口为 155 人。通过走访，社工观察到村庄里的几个常见现象：(1) 大部分年轻人到外地工作，妇女、老人和儿童以及少数中老年男性是村里的常住者，两个村庄均属较典型的“三留守”村庄；(2) 暑假期间，青少年学生大多在村里闲荡，或在家看电视、看手机，这令家长们非常头疼；(3) 老年人大多无所事事，常坐在大门口看着路上的行人；(4) 村庄新建的祠堂里摆放了 4 张牌桌，每天坐满了人打牌，造成了不好的影响。不同于其他主体的扶贫实践，社会工作在参与扶贫的过程中特别注重尊重个人的权利与价值，遵循个别性、差异性原则，强调“赋权”“增能”，因而可在“扶志”与“扶智”方面补充和革新政府的传统扶贫方式。① 因此，社工将教育扶贫的一项主要任务确定为丰富这两个村庄村民的文化生活，借此营造文明的乡风。

① 向德平、华汛子：《充分发挥专业优势助力脱贫攻坚》，载《中国社会工作》2017 年第 25 期。

（二）公共文化问题和需求评估

1. 不同居民群体的文化需求

村民内部存在性别、年龄、受教育程度和收入等方面的差异，因而他们对文化的需求也存在差异，在文化活动方式的选择、文化资源的利用、文化信息的接收渠道、文化消费支出、文化参与意愿等方面都存在差异性。[①] 井村和洞村大多数青壮年劳动力都外出务工，当地人口以“三留守”人员为主，受教育程度普遍不高。从村民的文化生活来看，几乎家家户户都有电视，人人都有智能手机，甚至有些家庭还有电脑和网络。但是这些文化生活都以个体化的私文化为主，公共文化活动比较单一和消极。有的研究者也注意到，农村公共文化服务面临着供给数量不足、质量不高、内容庸俗、形式单一等问题。[②] 也有的研究者指出，农村公共文化和其他消极文化是“你进我退”的“挤出效应”关系，如有些地方出现“宗教热”现象正是农村公共文化供给长期缺失造成的后果。[③] 打牌成为村里许多男性的主要消遣方式，而常规化的、文明健康的公共文化活动比较缺乏。社工在走访时也遇到类似的问题。有一次，一位常在祠堂里打牌的村民得知社工的身份后问道：“发钱吗？”得到否定回答后，他质问道：“不发钱来扶什么贫？”[④]可见，当时当地部分村民的确存在一种“等、靠、要”的被动脱贫思想。

---

① 王见敏：《基于农村居民禀赋视角的农村文化建设分析——来自湖北省A市L镇的实地调查数据》，载《中国农村观察》2012年第4期。

② 顾金孚：《农村公共文化服务市场化的途径与模式研究》，载《学术论坛》2009年第5期。

③ 阮荣平、郑风田、刘力：《公共文化供给的宗教信仰挤出效应检验——基于河南农村调查数据》，载《中国农村观察》2010年第6期。

④ 来源于社工ZQ的工作日志。

村里的老人大多闲居家中料理家务和照看孙辈，缺少公共交往空间。据社工观察，大多数老人若非坐在家中看电视，就是拿着蒲扇坐在大门口，目视路上来往的行人。村里的妇女，除了少部分人会在晚上到村庄的晒谷场上去跳广场舞之外，其他人多以电视、手机、互联网等家庭和个人的私文化消费为主，同样缺少常规化的、健康文明的公共文化生活。儿童略好一些，虽然许多家长抱怨孩子除了玩手机就是看电视，但他们还能够三五成群地发掘各种游戏来玩。

马斯洛(Maslow)的需求层次理论指出，个体除了有基本的生理和安全需求之外，还有更高层次的社会交往需求、尊重需求和自我实现需求。受身体状况、生活习惯和接受新鲜事物的能力的影响，老人们并不能充分享受电视、电脑和智能手机等现代化文化产品带来的乐趣，他们更加习惯于传统的面对面式社会互动。对于成年人而言，他们则对社会交往、尊重和自我实现方面的需求更加迫切。

经过与村里老人和妇女的交流，并结合观察，社工将工作的重心放在建设村庄的公共文化方面。社工希望在充分利用村庄现有资源的基础上，重建村庄的公共文化，并且秉承社会工作助人自助的理念，组织和动员村庄自身的力量，帮助村民实现正面的、向上的公共文化生活的自我供给，以满足村民的文化生活需求。

2. 公共文化资源的闲置

围绕着重建村庄公共文化的目标，社工首先绘制了社区公共文化资产图。从硬件方面看，随着新农村建设如火如荼地开展，井村和洞村已经建立起了农村社区图书阅览室，里面的图书种类繁多，只是平日里前来借阅的人不多，许多书籍上都落满了灰尘。对此，其中一个村的村支书说："村里的老年人都不大看得懂，眼睛也不好，年轻人嘛，都看手机。"[①]虽然两个村的村委会相距不到2千米，但两个村都建有活动广场，并设置了体育健身设施等公共设施。但问题在于这些设施的利用率并不高，广场上都铺满了飘落的树叶。值得注意的是，2018年年初，耗资160多万元、占地面积600多平方米的马姓总祠堂在井村落成。祠堂由专人管理，里面放着四五张牌桌，平日里聚集着许多人，祠堂门口的社区文化广场上一般横七竖八地停放着打牌者开来的汽车和电动车。

近几年，虽然政府在井村和洞村的文化供给方面进行了巨大投入，但是这些投入要么因无法真正契合村民的需求而被闲置，要么偏重私文化供给而忽视公共文化供给，特别是在公共文化的自我供给方面发挥的效用还不够，而公共文化的自我供给恰恰是符合村民需求的供给方式。

3. 社会互动的需求

如果从文化生活的主客体互动角度看，村民的文化生活可能存在两种消费形式。一是单向的文化消费，即文化产品单向地被主体所消费，如观众只是单向地接受电视节目传播的信息。二是互动的文化消费，即文化消费的主体和客体之间形成了双向互动关系，文化的供给主体会根据消费者的反馈及时地做出调整。以文艺晚会为例，观众会根据表演的精彩程度做出反应，这种反应传递给表演者后，表演者根据这种反应进行下一步的表演，由此形成一个互动的循环。这种文化生活的形式因具有互动性而让消费者能够获得更好的参与感。不同的群体对文化消费的形式存在不同的

① 来源于社工ZST的工作日志。

偏好。由于手机、电视这些现代文化消费形式偏向于单向的信息接收，对村庄的老人而言，他们在使用时存在一定困难。一位老人告诉社工："看电视也看不清，现在手机都好发达，我们也搞不了。"[1]因此，面对面的互动性文化活动成为两村村民文化生活的重要组成部分，特别是对老人而言，几乎成了他们唯一期盼的活动。这也是社工比较容易为老人所接受的原因。

（三）社区资源的整合与动员

为了帮助井村和洞村实现公共文化的自我供给，社工开始在村庄四处寻找文化资源，经过同两村村支书商量，大家觉得可以在村里办一个文艺晚会。考虑到观众问题，社工商议后决定以儿童和青少年为晚会的主体。为了筹备晚会，社工需要考虑节目、场地、人员和设备等问题。由于社工一直在开展针对儿童和青少年的小组工作，于是决定首先从小组工作服务对象中发掘文艺节目，并且将第一个节目确定为关于留守儿童的小品。社工帮助表演者写好剧本，并敦促他们自行排练。在小组成员当中，有两名女生在学校学习过舞蹈，社工便请她们在晚会上展示一段舞蹈。起初她们很腼腆，不敢答应，社工鼓励她们并同她们一起排练，这才坚定了她们的信心。然而，如何安排除此之外的其他节目成为困扰社工的大问题。在例会上，大家各抒己见，有人提议安排一个广场舞节目。于是社工想到了搭伙做饭的洞村小组长家的女主人。她在镇上的鞋厂工作，下班回家吃过晚饭后常和同村的一些妇女在屋前的水泥空地上跳广场舞。社工跟她谈了有关晚会的想法后，向来热情的她倒有些羞涩地说："我可以叫她们来跳一段舞蹈呀，就是跳

---

① 来源于社工 ZST 的工作日志。

得不好。”[①]社工一边鼓励她，一边表示期待，并且请她带领其他舞蹈队成员好好排练。

社工一边帮助村民排练，一边落实场地，大家一致觉得在祠堂门前的广场上举行晚会比较适合，因为这里属于村庄的中心，一有响动大家便都知晓。于是社工便到广场上勘察，发现广场上没有路灯，举办晚会的话需要从外面接电源过来。此外，晚会所需的音响设备也需要租借。正在社工为难之时，他们碰到了刚从祠堂出来的马氏宗族青年理事会会长马先生。于是社工跟他谈了举办晚会的想法，他十分认同社工的做法，并爽快地答应提供以下支持。第一，他可以将祠堂竣工庆典时使用的音响拿出来免费供晚会使用，照明设备也可以直接从祠堂接线出来供电。第二，他可以邀请村里另外几位宗族成员一同表演祖传的马家拳。有了马会长的支持，社工心里便更加有底了。为了避免晚会内容过于单薄，社工自己还组织了一个大合唱。

至此，晚会的节目和设备基本已经齐备，剩下的工作就是排练和宣传了。社工制作好宣传单，上面写明了晚会时间、地点和节目内容等信息，请小朋友们代为发放，一个上午，小朋友们就将宣传单发放到每家每户。有位家长见到社工，建议道：“可以将这个消息放到微信群里，大家一看就知道了。”[②]随后，她便将宣传单拍照传到他们村的微信群里。

(四) 公共文化建设的社区自助

一个星期过去了，转眼便到了晚会当天。社工吃过午饭就开始带领小

① 来源于社工 ZST 的工作日志。
② 同上。

朋友们布置会场，清理干净祠堂门前的文化广场。马会长则早已安排人将音响运了过来，大家在调试设备时，发现有卡车运来了太阳能路灯。工人们将4盏太阳能路灯的电线杆立在了广场四角。社工细问才从工人口中得知，“书记说晚上这里要搞活动，让我们赶紧来安装”。①

随着调试音响音乐的响起，老人们陆续走过来围观，随之而来的是小朋友们。晚上7时许，晚会正式开始，马会长跟主持人说，晚会开始前先放烟花。原来，理事会早就为晚会准备了烟花，随着烟花划破天际，在空中灿烂绽放，晚会在村民的欢呼中拉开帷幕。随后，其中一个村的村支书发表了讲话，大致内容如下：

各位乡亲，大家晚上好！非常高兴今晚能够被邀请到这里发言。这一个月，来自南昌两所高校的同学将他们的美好暑期奉献给了我们这个偏远的山村，我先代表村里再次向他们表示欢迎和感谢！

你们（社工）给孩子们带来新鲜的知识……你们从走访贫困户，入户开展工作，到今天组织我们举办晚会，付出了很大的努力。我们村里这几年忙于精准扶贫，在精神文化建设上做得不足，你们把大家组织起来欢聚一堂，欣赏节目，真的非常感谢！②

节目一个接一个地进行着，表演广场舞的妇女们步伐轻盈，动作整齐划一，随着音乐翩翩起舞，显然经过了长时间排练；孩子们在表演小品时虽然忘词、笑场了，但正是这样引得村民们哈哈大笑；两个小姑娘的双人舞蹈也引起了大家的讨论，都在问这是谁家的孩子。

① 来源于社工ZST的工作日志。
② 来源于晚会视频记录转述。

马家拳的表演将晚会推向了高潮。两位中年表演者的腰上都系着一条红布带，表演开始时他们双腿并拢，郑重地向四周观众抱拳致礼。在背景音乐《中国功夫》的衬托下，两位表演者先后出场，扎马步、出拳、摆腿……他们使尽全身力气将动作尽量做得舒展，引来了阵阵掌声和喝彩声。他们下场后告诉社工："这套马家拳是我们祖先传下来的拳法，会要的人已经不多了，年轻人就更不会了。我们因为多年在外面打工，不怎么练习，所以打完一套拳便有点喘不过气……"[①]社工和他们商议，希望日后能够将这套拳法教给村里的孩子们。他们表示，只要孩子们愿意学，他们就可以教，否则祖先传下来的拳法就要失传了。

晚会节目很精彩，观众越聚越拢，将舞台围得越来越小。在观众的呼声中，马会长又临时决定继续为大家表演一段广场舞，原计划一个半小时的晚会不知不觉超过了两个小时。最后，在社工们的一曲合唱中，晚会画上了圆满的句号。

（五）公共文化活动的反响

晚会虽然已经结束，但是最先拎着板凳前来观看节目的老人们却是最后离开的。孩子们第二天又早早地来找社工，兴奋地说着晚会上的事情。据说，晚会结束后村庄微信群里炸开了锅，大家都在分享晚会的照片。社工在微信朋友圈里看到了广场舞妇女的动态，村支书和村主任也在微信朋友圈分享了晚会的照片。洞村第一书记是社工的老朋友了，第二天他找到社工，说：

"我们这两年把主要精力都放在脱贫上面了，说实话，经济没搞好，也没

① 来源于社工工作记录。

那个条件去搞文化、娱乐什么的。当然本地有本地的文化,村庄本来就有自己的文化,只是不明显。我们也希望村民可以有更多的休闲娱乐方式,但是村里没人组织,光靠我们几个村干部,我们也没那么多精力。你们组织的文艺晚会很棒,让村民们看到了许多平时看不到的自己的文化。”①

社工在艰苦的扶贫生活中体会到了成功的喜悦,大家一致认为这是一场成功的晚会,也是一场意外的惊喜。因为尽管目标已经达成,过程却并非如当初设计的那样。细思之下,这个“惊喜”有着至少三方面的必然性:其一,社工前期扎实的走访和谦卑、尊重的态度,得到了全村村民的认可;其二,社工自身团结协作、链接资源的能力得到了充分展现;其三,晚会内容的设置契合了村民的需求,晚会舞台真正成了村民自己的舞台。

四、结论与反思

(一)社会工作实现了农村公共文化供需的有效对接

“三农”问题研究学者贺雪峰曾指出,“农村存在的主要问题不是农民收入太低,劳动太重,而是消费不合理,闲暇无意义,是社会关系的失衡,是基本价值的失准,是文化的失调”②。在打赢脱贫攻坚战的过程中,国家在农村地区投入了丰富的资源,实现了文化基础设施的大改善,然而农村社区公共文化生活却并没有相应地丰富起来,特别是传统文化和社区公共文化甚至还出现了式微的状况。其原因并不在于国家的投入不足,也不在于村民对于传统文化和公共文化需求的下降,而在于公共文化的供给并未有效针对

① 来源于社工 ZST 的访谈记录。

② 贺雪峰:《乡村建设的重点是文化建设》,载《广西大学学报(哲学社会科学版)》2017年第4期。

村民的需求，造成公共文化设施的虚置。农村公共文化是社会共同体建设的重要表征，特别是健康、文明的公共文化，是促进乡村共同体建设和乡风文明建设的重要途径。

许多研究也已证明，自上而下的文化供给模式无法有效识别村民的真实文化需求并提供文化资源①②，社会工作助人自助的理念促使社工深入农村地区，以平等、真诚、尊重的态度与村民建立起信任关系，发现他们的需求和面临的问题。社会工作教育扶贫侧重于文化扶贫，以及通过公共文化建设从精神的角度实现对贫困人口的"扶志"和"扶智"，让他们在健康向上的文化生活中建立脱贫的信心。

社会工作教育扶贫作为文化扶贫的重要途径，以乡村公共文化建设为主要工作内容，在扶贫工作中发挥着重要的作用。首先，公共文化建设与经济扶贫相结合，能够从根本上实现乡村的物质文明和精神文明的同步推进，从而实现党的十九大提出的产业兴旺、生态宜居、乡风文明、治理有效、生活富裕的总要求。其次，公共文化建设与其他形式的文化扶贫有着很大的不同。农村公共文化不是单纯针对贫困人口或其他特殊群体的，而是为全体村民所共享的，并且随着消费人数的增加，其效用和价值也会增加，具有典型的公共产品特征。在社会工作教育扶贫工作下开展的公共文化活动的主要供给者就是消费者本身，这种公共文化的自我生产和自我消费实现了文化供给和需求的对接。

① 阮荣平、郑风田、刘力：《中国当前农村公共文化设施供给：问题识别及原因分析——基于河南嵩县的实证调查》，载《当代经济科学》2011 年第 1 期。

② 储梦凡：《后乡土社会农村公共文化供给：问题与对策——以安徽省 Y 县为例》，载《山西农业大学学报(社会科学版)》2016 年第 4 期。

在本章案例中，社工的组织和动员广泛地调动了村庄的资源和力量，以较小的成本激活了村庄的公共文化生活，以村民为公共文化供给的主体，重新唤醒了传统的公共文化。比如，祖先流传下来的拳术得以展示并为众人所认可；将广场舞这一现代文化活动带到村庄的公共文化舞台上，既娱乐了村民，也让表演者实现了自我价值。这种村民娱乐的方式至少起到了以下几方面的作用：一是用公共文化的方式有力地补充了以手机和电脑为代表的私文化；二是以一种健康向上的集体文化形式，挑战了日常的消极落后的公共娱乐方式；三是实现了村民对公共文化从被动接受到主动自我供给的转变。更重要的是，这种公共文化的供给得到了村庄中各个主体的支持，上至村两委班子的支持与鼓励，下至村民的积极参与，成功实现了村庄资源的流动和重新配置，既有效地回应了中央提出的乡风文明建设的要求，保护和传承了传统文化，改善了村民的精神风貌，又推进了乡村自治。

（二）公共文化供给的持续性问题

作为“中国社会工作教育百校对口扶贫计划”的一项内容，本次社会工作教育扶贫活动正值脱贫攻坚的关键时期，通过发挥社会工作专业的长处，弥补了政府传统扶贫方式的不足；通过专业化的问题评估和个别化的服务理念，更加精准地识别了贫困人口的需求，同时也更加精准地利用政府提供的资源满足了贫困人口的需求。社工在本次公共文化活动中的工作固然发挥了重要作用，但仍有新的问题摆在面前：这次晚会之所以能成功，很大程度上是因为社工组织、统合了社区内外的众多资源，但下一次是否仍可以这样成功？在国家尚无社工常驻乡村社会的制度设计的情况下，谁能够如同社工一样切实地把握村民最真实的文化需求，进而动员村庄内外的资源，让村民自我组织，搭建乡村公共文化的长久舞台，建立起公共文化持续有效的常态化供给机制？

正如前文中洞村第一书记所言，在脱贫攻坚的重要时期，经济工作被摆在了首要位置，村干部无暇组织和提供公共文化，县乡一级文化站（所）工作人员有限，难以精准地向所辖地区的村民提供文化产品。乡村公共文化建设除了基本的文化设施建设外，还需要根据村民的公共文化需求量体裁衣。但问题的关键在于，乡村社会中究竟由谁来充当这个公共文化的组织者和领导者角色更为合适、可行？

第六章 双重视角与复合领域：高校社会工作反贫困的行动逻辑与结构困境案例

一、引言

高校拥有人才、技术等资源优势，承担着人才培养、科学研究、社会服务等重要职能，在全面打赢脱贫攻坚战中发挥了重要作用。由于社会工作与精准扶贫之间存在价值亲和，可以为精准扶贫提供价值理念上的引导，具有方法和角色上的极大优势；社会工作的学术传统与实务进路也为精准扶贫的现实推进提供了可能的线索和发展空间。① 例如，中山大学张和清团队②、中国农业大学李小云团队等③，分别在广东、云南等地以社区整合为本，通过建构家庭情感支持网络，建立和恢复贫困群体的自信心，赋予他

① 侯利文：《社会工作与精准扶贫：理念牵引、技术靶向与现实进路》，载《学术论坛》2016 年第 11 期。

② 廖其能、张和清：《社会工作督导范式转向问题研究——以"双百计划"协同行动为例》，载《社会工作》2019 年第 1 期。

③ 李小云、陈邦炼、宋海燕等：《"妇女贫困"路径的减贫溢出与赋权异化——一个少数民族妇女扶贫实践的发展学观察》，载《妇女研究论丛》2019 年第 2 期。

们参与权利，并结合当地实际发展的产业，给当地贫困人口带来了经济收益。

高校社会工作参与反贫困工作有着重要的意义。高校拥有专业技术、文化资本和社会声望等优势资源，高校社会工作专业师生进入贫困地区能更好地发挥专业知识的重要作用。① 在中国社会工作教育协会的牵头抓总和协调整合下，发挥高校社会工作专业力量参与反贫困工作，并及时挖掘相关案例，积累经验，反思不足，探讨高校社会工作参与反贫困工作的行动逻辑和结构困境，这对社会工作专业建设和促进脱贫地区可持续发展都具有重要意义。

二、基于"嵌入性"和"结构—行动"双重视角的问题研究

在打赢脱贫攻坚战和稳步推进乡村振兴战略的过程中，各级党委政府、企业、高校和社工等不同的行动主体，在城乡结构、阶层结构、市场结构的约束与推动下，利用各自的资源优势，赋予困难群体权利，提升他们的发展能力，缓解了他们的物质贫困和精神贫困，进而促进了贫困地区整体发展。这也是诸多学者在对嵌入性理论讨论的基础上，提出"结构—行动"视角的现实依据。在卡尔·波兰尼（Karl Polanyi）最初提出嵌入性理论后②，马克·格兰诺维特（Mark Granovetter）对此做出了进一步的研究③，他深入分析了

① 向德平、姚霞：《社会工作介入我国反贫困实践的空间与途径》，载《教学与研究》2009年第6期。

② ［匈牙利］卡尔·波兰尼：《大转型：我们时代的政治与经济起源》，刘阳、冯钢译，浙江人民出版社2007年版，第88页。

③ Mark Granovetter, "Economic Action and Social Structure: The problem of Embeddedness," *American Journal of Sociology*, 1985, 91(3): 481－510.

经济活动嵌入社会关系体系的问题，强调具体的关系以及关系结构能产生互相信任、防止欺诈的积极作用。这种嵌入被分为关系性嵌入和结构性嵌入两种形式。前者是指行动者嵌入其所在的关系网络之中，并深受网络中其他成员的影响；后者是将嵌入置于更大层面，即认为行动者所在的网络又是嵌入社会文化传统、价值规范等结构之中的。① 王思斌、阮曾媛琪将嵌入性概念引入社会工作研究领域，认为专业社会工作进入社会服务领域是一个嵌入发展的过程。② 此后，在精准扶贫③、企业发展④、灾害救援⑤等领域都有不少对社会工作嵌入性的讨论。

不过，何雪松在肯定嵌入性理论视角合理性的同时，认为嵌入性理论很难很好地解释为什么社会工作可以在有些地方、有些领域有更早或更快的发展。他认为这与社会工作教育者、实践者和推动者的共同行动密不可分。“行动”是解释中国社会工作发展不可或缺的维度。社会逐步成为一个具有一定自主性的领域，社会工作是其中的制度性要件、构成性要素和专业性力量。结构的变动为社会工作的发展提供了空间，而社会工作的行动者也能利用结构变动推动社会工作专业发展，进而推动社会结构的优化，这个建构过程是结构与行动交互作用的结果。⑥ 实际上，从安东尼·吉登斯早期

① 王思斌：《中国社会工作的嵌入性发展》，载《社会科学战线》2011 年第 2 期。
② 王思斌、阮曾媛琪：《和谐社会建设背景下中国社会工作的发展》，载《中国社会科学》2009 年第 5 期。
③ 林顺利、孟亚男：《嵌入与脱嵌：社会工作参与精准扶贫的理论与实践》，载《甘肃社会科学》2018 年第 3 期。
④ 赵琼：《企业社会工作的内部嵌入机制研究》，载《社会工作与管理》2017 年第 6 期。
⑤ 文军、吴越菲：《灾害社会工作的实践及反思——以云南鲁甸地震灾区社工整合服务为例》，载《中国社会科学》2015 年第 9 期。
⑥ 何雪松：《改革开放 40 年与中国社会工作的发展——“结构—行动”的视角》，载《西北师大学报(社会科学版)》2019 年第 2 期。

的“结构二重性”理论来看，结构是一系列的规则和资源，不断纳入结构的社会系统规则包含了人类行动者在具体情境中的实践活动，这些实践活动跨越时空被再生产出来。这些系统的基础是处于具体情境中的行动者可认知的活动。[①] 但在一定的社会时空里，社会结构和社会制度对社会行动者的处境以及他们对自身处境的反应往往具有决定性影响。[②] 行动者在不同情境中行动时，能利用丰富的行动情境中的规则与资源。简而言之，结构约束着行动者，但也能被行动者的行动再生产，两者是互相建构的关系。例如，“国家结构和社会工作的关系”[③]、“社会组织参与公共服务购买”[④]等研究都以“结构—行动”为解释视角，分析了不同行动者与结构之间的相互建构关系。

由此可见，无论是“嵌入”视角，还是“结构—行动”视角，在解释社会工作专业实践时都并不是界限分明的，需要根据行动者在不同情境中运用社会工作专业知识时的不同表现形态来选择。从研究者的角度看，理论的提出、完善和应用都需要从实践出发，在复杂、动态的环境中只有突破某一单一理论视角的局限性，才能更好地发挥专业知识改造世界的作用；偏好或偏重某一种理论视角，会遮蔽社会事实的复杂性。尤其是社会工作专业力量

---

① ［英］安东尼·吉登斯：《社会的构成：结构化理论大纲》，李康、李猛译，生活·读书·新知三联书店1998年版，第89—91页。

② ［美］彼特·布劳：《不平等和异质性》，王春光、谢圣赞译，中国社会科学出版社1991年版，第72页。

③ 文军、陈倩雯：《改革开放40年来中国社会工作理论研究的回顾与展望》，载《西北师大学报(社会科学版)》2019年第2期。

④ 王川兰：《行动者、系统与结构：社会组织参与公共服务购买的行动逻辑——基于上海市S机构的实证研究》，载《社会科学》2018年第3期。

参与精准扶贫工作，理论视角的选择既要符合贫困成因的复杂性[①]，也要适应不同行动者开展反贫困工作情境的差异性和具体性。例如，各级党委政府、党员干部、社会工作组织或社工个体等不同的行动者拥有的资源不同，反贫困工作开展的具体领域不同，社会工作专业实践的具体方式不同，与城乡结构、市场结构、阶层结构相互建构的逻辑和结果也不同。本章案例中高校社社会工作参与产业扶贫的实践过程即表明，理论视角的选择与应用需要根据客观事实而定。

基于此，这里以陕西S高校社会工作参与H公司的产业扶贫为例，揭示高校社会工作参与反贫困工作所具有的多方面特殊的研究意义。一是社会工作实践具有复合性。社会工作参与反贫困工作属于农村社会工作和企业社会工作的交叉领域。农村社会工作主要指在农村的社会工作，它是在地的、为了解决村民的生活困境和发展困境所做的专业服务，是社会工作在农村的实践。[②] 企业社会工作是将社会工作专业的理念和方法嵌入企业文化、企业管理与企业福利制度之中，在企业的效率逻辑与员工需求的社会网络逻辑之间建构平衡与协调的关系。[③] 在本章案例中，高校社会工作参与乡土企业运作也就具有了特殊的研究意义。二是反贫困方式的综合性。在高校社会工作参与乡土企业产业扶贫的过程中还有教育扶贫的介入，这使原来

---

① 邢成举、李小云：《超越结构与行动：中国特色扶贫开发道路的经验分析》，载《中国农村经济》2018年第11期。

② 王思斌：《我国农村社会工作的综合性及其发展——兼论“大农村社会工作”》，载《中国农业大学学报(社会科学版)》2017年第3期。

③ 郑广怀、刘焱：《“扩展的临床视角”下企业社会工作的干预策略——以广东D厂的新员工为目标群体》，载《社会学研究》2011年第6期。

以优化贫困地区人力资本的教育扶贫具有了更多新的内涵。三是理论视角解释的兼容性。由于农村社会工作和企业社会工作的交叉，以及产业扶贫和教育扶贫的融合，社工在介入的过程中存在着“关系嵌入”和“行动选择”前后相接的两个阶段。所以，社工介入乡土企业反贫困工作的具体情境不同，需要以理论视角的兼容来解释复杂的社会事实，进而更好地指导应用社会工作专业知识以发展乡村地区。

在打赢脱贫攻坚战和实施乡村振兴战略的过程中，高校社会工作和乡土企业是重要的力量，但学术界对两者间的关系形态和互动机制研究较少。本章结合实践过程，尝试回答以下问题：在乡村场域，高校社会工作参与反贫困工作的具体方式和行动逻辑是什么？高校社会工作与乡土企业之间的互动机制是什么，对反贫困工作和乡村振兴有什么样的现实意义和经验启示？对此，本章案例研究者通过实地观察和访谈，收集了较为丰富的研究资料。

三、介入与过程：复合领域中社工的行动实践

在反贫困工作深入推进的过程中，产业扶贫因具有可持续性和显著的益贫性，在打赢脱贫攻坚战中发挥了重要作用，被列为脱贫攻坚八大重点工程之首，成为具有中国特色的扶贫开发模式。在产业扶贫中，农村贫困地区在城乡结构、市场结构和乡村社会结构中的人力资源、文化资源、专业技术、社会资源等相对匮乏，处于弱势地位，遵循的是现实利益逻辑。企业作为产业扶贫的主体之一，为贫困地区输入资金、技术和人才等资源，是脱贫攻坚的重要力量。而企业发展本质上又是一种经济活动，企业除了要承担社会

责任外，还要面对乡村社会的复杂情境和企业组织内部关系的影响，应对市场竞争压力，追求经济利益，其遵循的是理性的经济逻辑。高校社会工作参与反贫困主要以地方政府的支持为依托，以家庭为单位，通过精准介入来恢复和凝聚家庭成员之间的关系，强化他们之间的情感网络支持，增强他们自力更生的信心。这种社会工作专业力量的介入持续时间较长，间接性发挥反贫困作用，遵循的是社会效益逻辑。虽然高校社会工作和乡土企业的行动逻辑不尽一致，但两者在赋予贫困群体发展能力方面有共同的目标，而且资源优势可以互补。

需要指出的是，在类型复杂的企业当中，乡土企业具有特殊性。具体而言，这类企业不同于外来资本，其生产加工地在乡村，主要负责人和员工与乡村社会有密切关联，员工之间以本土的血缘、地缘关系为纽带。① 简而言之，乡土企业虽然是现代市场体制下的经济组织，按照相关的法律法规运作，但因为其处于乡村社会，企业组织和员工个体等不同主体均依赖于乡村空间，企业生产经营的产品属于大农业范畴，企业成员之间的关系源于乡村社会的紧密型关系，乡土社会的特征深刻影响并塑造着他们的行动逻辑。国家力量主导下的脱贫攻坚政策在实施过程中存在着具有不同行动逻辑的行动主体，在不同属性的组织运作当中，这些主体汇聚在贫困地区的乡村社会，构成了本章案例发生的复杂情境。

（一）项目缘起与背景

下面以陕西 S 高校社会工作参与 H 公司的产业扶贫为案例进行分析。

① 田雄、刘丹：《泥淖之上 科层之下：产业扶贫中乡土企业与基层政府的关系研究》，载《中国农业大学学报(社会科学版)》2019 年第 2 期。

S高校地处陕西西安，是开设社会工作专业的重点高校之一。H公司地处六盘山集中连片贫困区南缘、1986年被确定为贫困县、2011年被纳入国家重点扶持的安康县（现安康市）①，主要生产加工和经销具有地域特色的绿色食品。S高校社会工作专业的专职教师唐某与H公司负责人槐某是同村的同龄人。2016年春节后，原本在某大型石油企业做基建工程的槐某，因国际油价下跌和企业压缩产量而放弃原来的工作，返回家乡安康，寻求发展新项目的机会。他向唐某征求意见，两人经过多次讨论，计划发展蜜蜂产业和林下养殖产业。主要原因有以下几点：一是安康有生态资源优势。据中国养蜂学会的研究，安康40万亩洋槐林满负荷可容纳100万群蜜蜂，年生产槐花蜜约5万吨，产值约20亿元。然而，当时全市并没有多少蜂农，槐花蜜产量少、规模小，安康的优势资源并未得到充分利用。虽然每年五月，全国有数千名蜂农汇聚在此采蜜，但当地多年来几乎无任何与蜜蜂有关的收益。挖掘生态优势资源，发展蜜蜂产业也能得到市委、市政府的支持。二是个人有文化资本优势。唐某与槐某都受过高等教育，又分别在高校和企业工作多年。他们基于长期在外的观察，深切感受到家乡的落后，期望回乡投资，通过发展实业来带动农民致富，改变家乡落后的面貌。三是有消费群体的市场需求。随着健康观念的转变，人们对蜂蜜的质量有较高的要求。四是农村生产经营成本较低。村里的小学校舍已闲置多年，这为他们提供了理想的生产场地。青壮年劳动力外出务工后，部分五六十岁的村民仍然具有劳动能力，可以参与企业建设，获得一定的经济收入。综合以上因素，槐某在2016年3月注册成立了绿色食品有限公司（H公

---

① 安康市于2020年脱贫。

司)，把具有现代化性质的经济组织引入村里，希望以企业化的运作方式来推动槐花蜜产业的发展，让自己和更多的农户从中受益，进而实现村庄的整体发展。

(二) 企业需求与项目预估

H公司成立前后，正值安康推进“三变改革”和脱贫攻坚工作。针对建档立卡的贫困户，基层政府采取干部入户帮扶、责任包干到人的做法，而在拓宽贫困户收入渠道、提高他们的经济收入方面，仅仅依赖基层干部是不够的，还需要企业等经济组织介入。根据扶贫政策安排，当地政府为每个贫困户免息提供1万元扶贫贷款，贫困户再将1万元作为股金投入企业，年底领取10%的分红。H公司初创之际，需要改造厂房，完成基础设施建设，在资金短缺的困境下仍分担了扶贫任务，让镇政府将贫困户的扶贫资金直接入股到企业。经过镇政府分配，入股H公司的贫困户共计93户。对于刚成立便要承担扶贫重任的H公司及其负责人槐某而言，压力无疑很大。为此，槐某再次向唐某征求意见并希望唐某能参与企业经营。

安康有这么丰富的槐林资源，几十年了，也没有一家蜂产品企业，想想是有多么落后。如果我们开始做，还算是第一家正式的企业。但是，全市本来就没有多少企业，我们刚创立不久，还没站稳，扶贫任务就来了。目前的员工队伍也不能胜任，我堂弟和表弟小学都没毕业。这些人做体力活还可以，动脑筋就比较难了。(访谈对象：槐某，2016年6月23日)

2016年5月，唐某根据自己所掌握的H公司的信息，计划以社会工作专业知识实践为目的，以个体身份正式参与H公司的运作。根据前期观察以及槐某的讲述，唐某总结出公司存在的主要问题：初步创业，企业生产经营和管理制度没有建立；面临着扶贫任务压力；企业生产、经营、销售体系尚未完全形成，前期的基础设施建设投入较大，资金短缺；员工整体文化水平较低，连一些基本文案书写都不会，这也成为制约公司发展的主要问题；员工之间多有血缘关系，非正式关系会对企业内部正式关系产生积极和消极的双重影响；企业地处乡村社会，民众以一种复杂的心态看待槐某及其创建的 H 公司，使后者不可避免受到乡村舆论的影响。

（三）社工计划与介入

针对 H 公司所面临的扶贫任务压力、乡村民众的舆论压力和企业管理水平亟待提高的压力，唐某协助槐某围绕企业制度建设、团队建设、生产经营和销售渠道建设等重要环节，拟订了初步计划。

第一，建构相互信任的关系。唐某与槐某的私人关系是双方建构合作关系的基础。此外，唐某有基层行政工作经验和社会工作专业知识，他又与其他员工相识，"熟人社会"的地缘关系和专业知识，使唐某作为社工个体嵌入企业组织有一定的基础，减少了不必要的排斥。

第二，制定企业发展规划。针对公司管理制度不健全的问题，唐某协助槐某建立了包括员工薪酬待遇、福利保障、物资管理、企业产品生产标准等在内的管理体系。

第三，实施员工培训计划。针对员工文化程度整体偏低，不能承担企业日常的文案、档案等文字工作的问题，唐某在执笔部分文稿的同时，还指导其他员工学习蜂产品知识、电脑操作技术等；通过小组讨论、集体游戏等方式，提升员工的协作能力。

第四，拓展产品销售渠道。参与制订企业产品销售方案，利用企业生产经销的蜂蜜自然成熟、无污染优势，深入社区、企业和高校进行推介；同时，动员企业搭建桥梁，联系城市社区居民到安康旅游、购买扶贫产品，为贫困人员捐赠物品。这些销售活动促进了城乡居民间的互动，让他们共同受益。

（四）项目评估与收益

从2016年5月至2020年3月，唐某以社工个体身份介入企业运作，对照最初的计划，主要取得了以下成效。

第一，企业经营制度逐步建立。唐某为企业编制了中长期（2016—2025年）发展规划，协助企业制定了员工薪酬待遇标准、日常行为规范等，让企业运营有章可循。

第二，企业品牌意识逐步树立。唐某为企业设计了两个商标并注册成功；参与企业微信公众号和官方微博部分文稿撰写，加大企业宣传力度。

第三，员工整体素质逐步提高。H公司根据员工培训计划，每个月开例会讨论交流。员工开始学会了用电脑打字，使用简单的办公软件；掌握了蜂产品知识，在各种展销会上能为客户做较为全面的介绍。

第四，扩大了企业的关系网络。唐某借助自己在社会工作专业领域的学缘与业缘关系，为槐某推介了其他社工同事，他们将国家关于支持乡村发展的各项政策措施等信息及时传递给企业。在企业牵头成立合作社、产品质量检测方面，相关专家都给予了建设性意见，而合作社在争取上级帮扶资金、加强企业与贫困户之间的联系方面发挥了重要的载体作用。

第五，参与影响政府的政策制定。唐某根据以往的工作经验，建议槐某向前来企业视察的区委书记提议，申请将“安康槐花蜜”列为国家地理标志保护产品。经过两年多的努力，2018 年 7 月，国家知识产权局予以审核通过。此外，槐某被推选为市县两级人大代表后，唐某参与了市县两级人大代表议案的调研和撰写，安康市政府据此制定实施了蜂农补贴、槐林保护政策，将打造蜜蜂产业主题园区列入区政府 2019 年工作报告。

第六，社工个体的收获。在参与企业产业扶贫的过程中，唐某根据对长期参与企业工作的思考，将实践经验运用到理论和政策研究当中，先后成功申请到教育部和省社会科学基金项目各 1 项，公开发表了数篇研究论文。唐某以个体名义参与乡土企业及其承担的反贫困工作，在一定程度上助推了乡土企业更好地参与产业扶贫，也在实践中提升了自己的理论研究水平，做到了理论与实践的相互促进。

（五）项目结案和反思

唐某与槐某最初确定在 2020 年年底前让公司走上正轨，但经过近 4 年的实践，无论是唐某、槐某还是以组织形态运作的 H 公司，其行动都处于一个复杂的由城乡、市场和国家共同编织的网络结构当中。虽然有个体行动的建构，但仍然面临着很多问题。从对槐某的访谈中可以了解到，H 公司存在的问题并未得到彻底解决，唐某以个体身份参与的社会工作实践也面临着困境。

第一，企业员工能力素质与企业发展目标间的差距不容忽视。尽管员工的专业技术能力有了提高，但自由散漫、重视眼前利益、重视个人经验、不遵守规章制度、不重视知识水平提升的思维根深蒂固，难以从根本上转变。而随着大量青壮年流入城市，农村地区甚至连五六十岁的男性劳动力都比较短缺，接受了一定教育的青年人又不愿意返乡进入初创的小微企业，这使槐某处于一个由血缘和地缘构成的、无法选择和替代的员工关系网络中。

几年来，我们员工的素质提升还是比较慢的，缺乏责任心，工作水平和能力比较低。公司要求员工看书学习，提升自己的能力，但他们基本上是安于现状，没有多少改变。花费大量时间、精力去青海开展团队建设活动，整个过程中矛盾冲突频发，员工间的协作能力还是比较差。个别负责人成了“老油条”，不遵守公司规章制度，不服从领导指挥，找各种理由搪塞、找各种借口敷衍、不时地逃避责任甚至栽赃陷害他人，越发地自以为是和傲慢自大，忘了规矩，习惯于游手好闲。（槐某：H 公司 2019 年度工作总结）

第二，贫困群体参与企业运作的积极性不高。当地贫困户作为反贫困工作中的脱贫对象和脱贫主体，由于资金、技术、知识等欠缺，他们对槐某的态度很复杂，既看到了他的能力，也对他创建的公司的前景深表怀疑，总希望以个人最小的投入获得最多的利益，不愿意参加企业的一些劳作，而对年底分红更为积极。处于乡土社会中的贫困群体和其他群体，在城镇化的推动下出现了原子化状态。社工在城乡结构、职业结构的外在约束下，难以构建乡土企业与村民之间的利益联结机制。

第三，高校社会工作组织介入协调困难。2018 年，S 高校社会工作专业已经在中国社会工作教育协会统一部署下与宝鸡某贫困县建立了对口扶贫关系。此后，在唐某的联系下，该县在 H 公司建立了社会工作反贫困实践基地，以组织参与的方式不断拓展师生参与的领域。然而，由于高校内部需要层层审批，社会工作组织力量的整体性介入存在不确定性。这既限制了高校社会工作在复杂情境下的专业拓展，也不利于乡土企业借助外部资源发展自身。

截至 2019 年 12 月，H 公司内部员工共有 15 人，已累计投资 500 多万元，兴建了两个养殖场、一座 800 平方米的地下冷藏室，构建了“公司＋合作社＋生产基地”的模式，初步形成了“生产—加工—经销”一体化的经营模式。但相对于硬件基础设施的推进，H 公司与地方政府之间的互动、内部员工整体素养的提升和市场渠道的开拓，都面临着来自城乡、市场和职业方面的结构性约束困境。

四、干预与冲突：高校社会工作参与反贫困工作的结构性困境

S 高校社会工作专业教师唐某自 2016 年参与 H 公司产业扶贫工作起，便以个体关系嵌入乡村社会和乡土企业，运用社会工作专业知识参与企业反贫困实践。这种外部资源输入的方式弥补了乡土企业自身人才不足、缺乏长远眼光和战略思维的缺陷。社工个体和乡土企业尝试突破城乡结构、市场结构和职业结构的约束，对乡土企业的发展有推动作用，也为高校社会工作组织后续的深度介入奠定了基础。但我们也需要看到，在几年的持续介入中，唐某并未直接进入乡村与贫困户接触，也没有和地方基层政府官员直接沟通。基层政府、党员干部、高校社工、企业和贫困户组成了如图 6－1 所示的反贫困工作关系网络，社工和基层政府、贫困户之间缺乏有效的协作与互动。

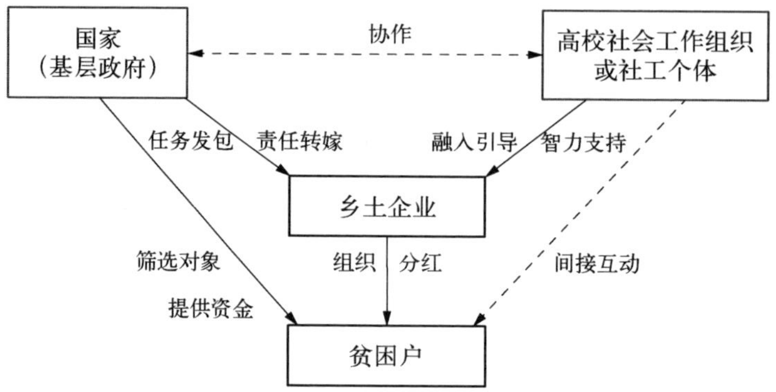

图 6－1　S 高校社会工作参与反贫困的关系网络①

从整个关系图中可以看出，乡土企业处于网络的节点位置，将不同的主体联结起来。基层政府并非市场经济的主体，自身不能及时掌握市场信息，也无法直接为贫困户提供就业岗位和经济收益，但其可以执行政策，为其他主体提供基本的行动依据。贫困户自身既是脱贫对象，也是脱贫主体，但由于个人资金、技术、知识等欠缺，难以自主增收脱贫。当贫困户在短期内难以看到切实利益时，他们对基层政府和基层干部便会抱有复杂的心态。而社工作为外来的力量，他们与身处乡村的贫困户之间往往有客观上的空间距离和身份差异。在复杂而陌生的乡村社会，高校社会工作专业力量直接参与反贫困工作，并不具有信息优势和情感优势，因而和贫困户之间的关系不紧密。基于乡土社会中乡土企业的种种特征，注重从现实情感和当下利益出发的贫困户，会综合考量心理距离、获利便捷度等多种因素，相对更容易接纳乡土企业。在这种现实的反贫困关系格局当中，社工需要审视自身的不足，以嵌入的方式参与反贫困工作是较为理性的选择。

① 图中实线表示两者之间有实质性互动，虚线表示两者之间没有实质性互动；单向箭头的方向是被动接受方，双向箭头是指两者之间是平等协作关系。

虽然根据实际情况判断，部分村民对H公司的一些评价并不符合事实，但H公司负责人在面对这些负面评价时并没有以切实的方法来反驳。唐某和S高校其他社工在参与H公司的反贫困工作中，与公司之间的直接互动较多，而与贫困户和其他农民群体之间的直接互动较少。社工与贫困户之间极少互动，贫困户与乡土企业之间利益关联机制脆弱，使社工难以获得贫困户和其他农民群体对国家产业扶贫政策的实施的认知情况，以及他们对乡土企业承担脱贫攻坚任务的落实的判断情况，进而影响了社工从整体层面总结、反思反贫困工作的现实困境和实际成效。

第一，社工个体作为利益相关者的介入具有偶然性和随机性。S高校社会工作参与H公司反贫困工作，是以唐某和H公司负责人槐某之间的私人关系为基础的，而唐某具有社工和村庄成员的双重身份。因而，这种集理论研究者、社会工作实践者和村庄成员于一体的身份存在着较强的特殊性。质言之，高校社会工作于组织层面的介入和后续推动在很大程度上依赖乡土企业中个体私人关系的嵌入，这也使社会工作组织开展反贫困工作既具有特殊性，也具有不确定性。

第二，高校社会工作专业力量介入乡土企业面临着组织层面的协调难题。高校虽然拥有较丰富的人才、技术和市场空间资源，能以组织形式介入乡土企业的运作，但由于组织规模较大、层级较多、部门分割等客观因素的存在，学校、各学院、各系之间，以及社会工作专业的师生个体之间，都存在着纵横交错的复杂关系。高校内部能否协调顺畅，将直接影响社会工作专业力量能否深度、持久地参与反贫困工作。此外，高校教师教学、科研任务繁重，让社工教师到反贫困工作一线也缺乏合理的激励机制。

第三,社工自身的专业性和独立性难以得到保证。社工对于基层政府和乡村民众来说,属于外来力量,对基层实际情况并不了解,而自身往往又无法整合形成强大的资源,因此存在着底气不足、影响力偏弱等问题。

第四,高校社会工作组织和经济组织可能存在价值理念上的冲突。高校社会工作参与反贫困工作的目的是服务社会、培养人才、传播知识,具有一定的公益性。乡土企业尽管具有“建设家乡、回报家乡”的初心,但在自身的投资成本与收益以及部分乡村民众奉行“赚到钱才是本事”的评价标准的压力之下,在短期内盈利成为企业的现实选择。社会工作专业力量能否以合适的方式、可行的途径为企业经营提供参考意见并使其能落实存在不确定性。

五、融入与共识:价值认同中的集体行动自觉

从S高校及其他高校从社工个体融入到社会工作组织融入,再到积极干预的实践经验来看,高校社会工作专业是推进乡村振兴的重要力量,而乡土企业是产业扶贫、振兴乡村经济的市场主体。针对乡土企业成长过程中面临的人才吸纳、技术研发和管理水平提升等问题,社工突破城乡结构,将资源从城市转移到乡村;突破阶层结构,联结并促进政府管理人员、高校专业技术人员、私营企业主和贫困户等主体之间的合作。他们将专业知识应用到乡土企业的运营中,既能以高校的组织优势链接更广泛的资源,为乡土企业和乡村社会输入理念、人才和技术等资源,进而为乡村振兴战略实施积累经验,又能增强社会工作学科的生命力,实现社工的价值。本章从农村社会工作和企业社会工作的交叉领域出发,综合运用“嵌入性”和“结构—行

动”的双重视角，在实践和理论层面对高校社会工作参与反贫困工作的方式进行了有益探索。而高校社会工作参与反贫困工作中存在的结构性困境也不容忽视。为了将高校社会工作参与反贫困工作的特殊性转变为普遍性、多变性转变为确定性、短期性转变为持久性，使其集学科发展、人才培养和乡村振兴为一体，案例研究者提出了以下建议。

第一，通过构建共识，消除不同主体的认知差异。社会工作的宗旨是助人自助，高校社会工作专业力量以实际行动参与反贫困工作，在实践中不仅提升了专业素养，还促进了社会公共利益的实现。乡土企业虽以追求经济利益为核心目标，但也有“建设家乡”的创建宗旨以及所承担的产业扶贫责任，具有公私兼顾的多重目标。因而，致力于反贫困工作是高校和企业两种组织共同的时代使命，这是高校社会工作价值与企业社会价值的契合之处。

第二，通过理念输入，实现高校社会工作扶贫的目标引领。相对于企业而言，高校社工是来自乡村外部的力量，虽然他们对乡村人情、风俗等信息掌握得并不充分，与贫困户直接联系沟通也存在着障碍，但他们拥有更加宽广的视野和先进的理念。针对乡土企业人才资源不足、文化建设滞后、对涉农政策了解较少等问题，高校社工个体以“嵌入”的方式，逐步将社会工作理念引入乡土企业，引导企业加强文化建设、注重打造品牌、提升产品质量。

第三，通过行动自觉，在协同机制中提升社会工作专业优势。即使当前我国的脱贫攻坚战已取得了全面胜利，但巩固脱贫成果，实现由脱贫到致富的转变，仍然存在着多重挑战。基于此，高校社会工作既要善于借力，也要强化自身的专业性，在参与反贫困工作的过程中应从综合性、整体性、长远性角度考虑，对内整合高校内部资源，增强自身参与反贫困工作的综合能力，对外以县域为单位开展工作，协调高校、政府、乡土企业和贫困户等多主体之间的关系，使反贫困工作具有全面性和科学性；同时，要以此增强自身的话语权和影响力，这是捍卫社会工作价值、维护社会工作人员尊严的必要举措。

第四，通过顶层设计，在制度保障中发挥社工的持久作用。《中共中央 国务院关于建立健全城乡融合发展体制机制和政策体系的意见》明确提出："健全涉农技术创新市场导向机制和产学研用合作机制，鼓励创建技术转移机构和技术服务网络，建立科研人员到乡村兼职和离岗创业制度，探索其在涉农企业技术入股、兼职兼薪机制。"随着国家政策的调整和社会工作专业师生的流动，高校社会工作可持续参与反贫困工作具有不确定性。对于高校社会工作参与反贫困工作而言，有关方面在强调社会工作公益性的同时，也要兼顾社工的基本利益需求。地方政府应将"招才引智"与"招商引资"政策并举，推进政府与高校的协作，努力推动政府、高校、企业和贫困户构建利益共享机制，在组织层面形成人才、资金、技术等合作形式。而高校社工可以以个体兼职兼薪的方式融入乡土企业。只有采取这些举措，城乡之间人才、资金和技术等多种资源才能互通互补，城乡融合发展的目标才将更加可期。

第七章　家庭抗逆力视角下社会工作参与反贫困的实践研究案例

一、研究背景

党的十八大以来，为了完成全面脱贫，党中央、国务院出台了一系列重大政策措施。在各级的共同努力下，2021年2月25日，全国脱贫攻坚总结表彰大会在北京举行，习近平总书记庄严宣告：我国脱贫攻坚战取得了全面胜利。当下，如何防止返贫？如何从根本上消除一再导致贫困的顽疾？这些问题对于巩固拓展脱贫攻坚成果有着重要的意义。

社会工作的专业性质、目标与国家脱贫攻坚的任务具有高度契合性。首先，社会工作是一门实践型学科，有别于单纯的理论解释型学科。社会工作致力于通过专业的干预与介入帮助弱势群体，致力于推动社会和谐发展，从而实现社会公平与正义。其次，社会工作参与脱贫攻坚还具有其他学科无法比拟的独特优势，从打赢脱贫攻坚战、使反贫困产生持续性效果的现实和目标来看，反贫困已不仅仅体现为贫困家庭经济状况的改善，还应看到贫困现象的复杂成因和因经济贫困而衍生的一系列“经济—社会贫困”现象，包括贫困地区难以维持的生计及由此生成的贫困文化，因对生活无望而产生的消极心态，因贫困而出现的家庭散离、大量留守人员等。这些问题不是纯经济式扶贫所能解决的，也不是传统的动员方式所能改进的，需要采取新的方法协同解决。社会工作是这些新方法中的一种，专业社会工作参与脱贫攻坚和反贫困也是这一领域的创新。① 鉴于此，在现阶段，社会工作可充分发挥其专业优势，参与到巩固拓展脱贫攻坚成果的任务中去。

家庭是人们以婚姻、血缘、收养或感情等关系为纽带组成的，以比较持久的共同生活以及一定程度上的经济共有、共享为主要特征的初级社会生活单位。② 在经济上，家庭兼具生产和消费功能。在生产层面上，家庭是重要的生产单位，农村生产大多以户为单位而进行。例如，以家庭为单位的土地承包制度，通过激活家庭经济共同体的潜力大大地提升了农业的活力。城市家庭则主要通过情感慰藉来间接支持生产。国家实施的精准扶贫战略也是以户为基本单位的，鉴于家庭在社会中的重要作用，本章的反贫困研究案例以家庭为单位。

二、文献回顾

20 世纪 70 年代，一些学者在实践中发现，虽然部分儿童或青少年成长于风险环境中，但他们却能打破环境的局限获得良好的适应和发展。抗逆力的概念由此提出，其本质为个体在逆境中克服困难、展示积极适应结果的

① 王思斌：《社会工作要积极、创造性地参与脱贫攻坚》，载《中国社会工作》2017 年第 25 期。

② 张文霞、朱冬亮：《家庭社会工作》，社会科学文献出版社 2005 年版，第 13 页。

能力。①

关于抗逆力的定义，不同学者从不同角度进行了阐述。格雷夫(Greeff)和杜·托伊特(Du Toit)认为，抗逆力指的是在重大危机或逆境中的积极应对模式，它会促进危险因素和保护因素有机互动。弗罗马·沃尔什(Froma Walsh)认为，抗逆力可以被定义为从逆境中复原并变得更加强大，获得更加善于利用资源的能力，这是一种应对危机和挑战时的忍耐、自我修正和成长的积极过程。抗逆力理念的发展对社会工作的范式发展具有较大影响。传统社会工作关注家庭的问题与不足，往往对标功能良好的家庭，强调家庭缺陷，试图通过消除或矫正家庭成员的某些行为来“修复家庭损坏的部分”，在介入的方法上也主要依赖外在的社会资源提供支持，缺乏对内部优势和资源的挖掘与激发。抗逆力的范式与此不同，它关注个体及组织内部的资源优势，通过激发内部潜力来抵抗其所面临的压力与困境。

随着学术界对抗逆力研究的深入，研究对象从个体开始向组织转变，家庭抗逆力为其中一个较重要的研究方向。家庭抗逆力具有如下特征：(1) 抗逆力存在于所有家庭中，出现危机时才会得以激发与体现；(2) 抗逆力通过保护因素与家庭危险因素进行互动、抗衡来抵御风险。

加德纳(Gardner)及其同事在测量抗逆力时提出了“家庭适应性模式”，并通过该模式来分析和把握家庭的优势与困难。“家庭适应性模式”从五个方面分析保护因素与危险因素之间的动态关系：需求(压力源)、评估(家庭

---

① 刘玉兰：《西方抗逆力理论：转型、演进、争辩和发展》，载《国外社会科学》2011 年第 6 期。

如何看待这个处境)、社会支持(家庭成员之间的支持和家庭外部的支持)、应对(家庭如何回应需求)、适应。

家庭抗逆力并非一个特质,而是一个存在于不同层面的保护因素。在微观层面,家庭抗逆力主要包括个人与家庭方面的保护因素。个人层面主要为个人的积极人格和特质,包括内控点、自我效能、身心健康、受教育情况、技能等。家庭层面主要为家庭互动所发挥出来的整体特质,包括家庭归属感、家庭结构、家庭关系等。中观层面指的是关系的丰富性,主要是分析家庭及家庭成员拥有的关系的数量和质量。吉利根(Gilligan)将中观层面的保护因素形象地比喻成社会支持的"脚手架","脚手架"搭建起来的支持网络可有效地避免家庭陷入困境。这一层面上的因素包括强大的社会支持网络、同伴接纳、社区参与、支持性导师和角色榜样。在宏观层面,家庭抗逆力主要通过社会文化与社会政策为家庭提供保护因素,由于本章涉及的干预主要在微观和中观层面,并未上升至宏观层面,故不过多阐述。

鉴于家庭抗逆力理论的普遍适用性,该理论在多个场景、群体中取得了研究进展。通过对文献的梳理我们可以知道,以往家庭抗逆力的研究主体主要包括特殊个体和特殊家庭。特殊个体包括农村留守唇腭裂儿童、中重度阿尔茨海默病患者、流浪儿童、孤独症儿童、血友病患儿等。在特殊家庭方面,家庭抗逆力的研究主体主要有离婚家庭、长期患病家庭。这些研究都极大扩展了抗逆力的研究范围。

但以往关于家庭抗逆力的研究多局限于描述、解释层面,极少有依据家庭抗逆力理论所进行的干预研究。此外,虽然我国的扶贫成效显著,但扶贫研究存在不足:第一,扶贫思路多为外部资源的支持,缺乏对贫困户潜能的唤醒及优势的挖掘；第二，扶贫政策多关注短期贫困，贫困研究多为静态分析范式，缺乏对长期贫困及贫困代际传递的研究与介入。[①] 因此，以家庭抗逆力为指导的社会工作干预反贫困的研究具有较强的理论与现实意义。

三、社会工作介入S村脱贫的实践过程

（一）项目背景

社会工作是参与脱贫攻坚的一支重要的专业社会力量，社会工作教育单位具备丰富的理论知识和大量的专业学生，故开展社会工作教育对口扶贫不仅是回应贫困地区社会心理服务需求、提升社会服务专业化水平的需要，而且是应用理论知识和锻炼学生实践能力的需要。

江西财经大学作为江西省高校代表积极响应和支持“中国社会工作教育百校对口扶贫计划”，于2018年4月成功申请参与教育对口扶贫计划。江西财经大学参与教育对口扶贫的贫困地区是江西省上饶市横峰县S村。在当地政府部门的积极支持下，江西财经大学社会工作专业师生群策群力，扎根当地社区，开展社会工作服务，助力精准扶贫。

（二）横峰县S村简介

横峰县是上饶市最小的一个县，2001年被列入国家扶贫重点县，2017年宣布顺利脱贫。该县原有建档立卡贫困户8 398户，贫困人口达26 990人，分布在全县11个乡镇、67个行政村、376个村民小组里，点多面广。

S村位于横峰县东部，全村总面积约为12平方千米，距离县城约

① 王卓：《论暂时贫困、长期贫困与代际传递》，载《社会科学研究》2017年第2期。

3 500 米。S 村 2014 年有 817 户村民，人口为 2 869 人；2017 年有 832 户村民，人口为 2 923 人。全村耕地面积为 1 725 亩，山林面积为 7 656.5 亩。粮食作物有稻谷、马铃薯、豆类等，经济作物以油菜、油茶、板栗为主，养殖业以猪、鸭、鸡、鹅为主。S 村位置偏僻，经济发展较慢。由于就业岗位较少，村中男性青壮年劳动力多外出务工，村中留守老人、留守妇女、留守儿童数量较多。

此外，S 村是横峰县的原贫困村，S 村贫困户类型（2018 年数据）如下：红卡户 29 户，57 人；蓝卡户 69 户，268 人；黄卡户 40 户，132 人。致贫因素主要是疾病、残疾、缺少劳动力、自身发展动力不足以及文化、教育、心理等因素。

（三）横峰县 S 村存在的问题

项目社工通过在 S 村为期一个月的走访、观察和访谈等，收集了相关资料并进行分析，发现 S 村主要存在以下四个方面的问题。

1. 很多家庭陷入贫困代际传递的恶性循环

贫困代际传递从狭义上来说是贫困以及致贫因素在家庭层面由前代传递给后代，使后代在成年后重复前代的贫困境遇。① S 村以农业为主，工商业欠发达，因此当地缺乏充足的就业机会，劳动力的择业范围较小，大多从事低价值、低回报类劳动。贫困问题伴随家庭代际转换，未能在代际间消除。在当地，许多女性希望通过婚姻来改善自己在原生家庭中所遭遇的贫困境遇，但是往往所嫁夫家的经济状况与自己原生经济状况相当，甚至更差，他们所生的孩子重复着他们的人生轨迹。

① 李晓明：《贫困代际传递理论述评》，载《广西青年干部学院学报》2006 年第 2 期。

2. 家庭中的青少年辍学率比较高

受多种情况的影响，S村村民受教育程度普遍不高，许多青少年在初中阶段就辍学，外出打工。较少有青少年能够坚持读完高中，只有零星的青少年能够考取大学。虽然该村大多数父辈深切希望自己的孩子能通过读书来改变命运，甚至有不少人采取了暴力的方式来逼迫孩子学习，但是该村青少年辍学率依旧很高。由此可见，受教育程度低是一个重要的致贫因素。

3. 家庭因病致贫现象普遍

S村村民受教育程度普遍较低且缺乏相应的劳动技能，大多从事农业、建筑业相关的体力劳动。常年体力劳作及暴露在风险环境中，让这部分群体患病、致残的概率相对较高。据调查，S村90%的老年人患有不同程度的慢性病，因病所产生的医疗费用让这些本身经济基础薄弱的家庭雪上加霜。

4. 家庭结构不完整，青壮年流失率高

由于当地能够提供的工作机会较少，为了获得更多的经济收入，大多数青壮年常年在外地打工，打工地域多为珠三角和长三角一带，少部分在江西省内。这些人往往通过同村人及亲戚的介绍，以小团体方式在外打工，大多从事建筑、装修等劳动密集型工作。

(四) 社会工作介入反贫困的思路：预防贫困和家庭抗逆力培养

在产业扶贫的思路遇到困局后，社工开始对当地贫困问题做深入思考，以求有服务思路的新突破。S村村民普遍受教育程度低、收入低，很多家庭长期处于贫困状态，贫困的代际传递现象明显。贫困家庭常常由于父辈没有或较少接受教育而贫困，其子辈也无法接受与同龄人同等水平的教育。

子辈在成年后难以就业或只能从事简单的劳动或收入较低的工作，难以获得更好的发展，始终处于贫困状态，继而重蹈父辈的贫困境遇。教育落后是导致贫困的关键因素。阻断贫困代际传递需要个人、家庭、政府和社会形成合力。个人是阻断教育贫困代际传递的基本动力，家庭是阻断教育贫困代际传递的直接动力，政府部门是阻断教育贫困代际传递的根本动力，社会是阻断教育贫困代际传递的催化动力。① 政府与社会属于宏观影响因素，对于阻断贫困代际传递难以在短期内有明显效果。社会工作服务立足于中观与微观环境，致力于改善可调整的因素来达到预期目标。激发个体动机、增强家庭保护功能成为社工在S村服务的新方向。

面对贫困、家庭结构不完整、疾病等现实存在的风险性因素，家庭抗逆力理论可以通过为家庭提供保护性因素帮助家庭走出或避免陷入困境。家庭抗逆力阻断贫困代际传递的模型如图7－1所示。

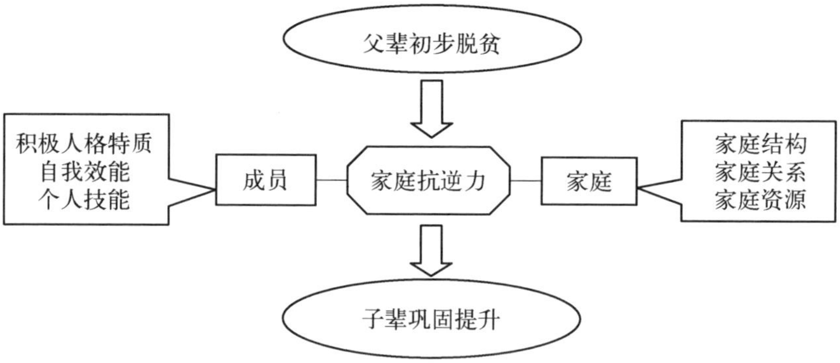

图7－1　家庭抗逆力阻断贫困代际传递模型

① 向延平：《教育贫困代际传递与阻断：教育精准扶贫路径选择》，载《当代教育论坛》2018年第3期。

(五)家庭抗逆力培养:个体、家庭保护性资源的挖掘与培养

项目实施后,社工从个案、小组、社区三方面开展服务,主要以贫困户为服务对象。从需求和问题分析可以看出,这些贫困人口普遍存在身体健康问题、心理和情绪问题、家庭关系问题、家庭教育和社会支持网络缺失问题等。我们可以说贫困是这些问题综合影响所产生的结果,或者说是贫困引发了这些问题,这些问题彼此之间互为因果,相互影响,导致恶性循环。项目社工秉承家庭抗逆力的理念,通过激发与唤醒家庭成员的保护因素提升家庭的"免疫力",建立家庭保护的缓冲区,避免其陷入困境。

1. 个体扶志的有效尝试:个体抗逆力资源优势挖掘

在个体层面,项目社工主要围绕培养积极的人格特质、提升个人自我效能和增长个人技能的目标开展活动。有关研究表明,贫困和心理问题相互影响,贫困户容易出现心理问题,而解决贫困户的心理问题有助于他们脱贫。《2015年世界发展报告:思维、社会与行动》明确指出,贫困不应仅从物质资源的匮乏上找原因,还需要从贫困主体的主观思维上加以认识。近年来行为经济学的相关研究表明,贫困主体的心理特征对其行为有显著影响,是使其维持低收入水平的重要原因之一。造成贫困的因素不只是收入低、物资匮乏等客观因素,还涉及心理层面的主观因素。同时,贫困不仅影响人的身体,还会影响人的心理,让人变得自卑、懦弱等,从而出现心理问题。

项目社工在个案服务中运用家庭治疗、理性情绪疗法、社会支持网络理论、叙事治疗等专业理论和方法进行介入,帮助服务对象建立积极的人格特

质、提升自我效能；通过儿童小组活动开阔小组成员的视野，提升其技能，服务成效显著。具体服务内容如表 7－1 所示。

表 7－1　项目服务内容(一)

服务对象	需　要	理论和模式	服 务 目 标	服 务 效 果
个案 A（儿童）	案主有建立良好人际关系的需要	社会支持网络理论、游戏治疗、家庭治疗	增强案主的自尊心，帮助其搭建良好的家庭关系，扩展其朋辈支持网络	(1) 案主的心理素质明显提高 (2) 案主与周边环境基本能和谐相处
个案 B（母亲）	案主不能很好地处理自身的情绪，导致其与子女存在生活上的矛盾	社会支持网络理论、理性情绪疗法	(1) 帮助案主学会情绪调节的方法和技巧 (2) 帮助案主获得家人的理解和关心，缓解情绪压力	(1) 案主情绪控制能力有所提升 (2) 案主的亲子及家庭关系有了较大改善
个案 C	(1) 案主自尊水平低，自理能力差 (2) 案主注意力不集中，自主学习能力不强	社会支持网络理论	(1) 提升案主的学习能力 (2) 建立起案主的支持（资源、情感等）网络	(1) 案主自尊水平大幅提高，自我防御明显减弱 (2) 案主自主学习能力有所提升
个案 D1	案主的社会网络弱，不善于交际	社会支持网络理论、叙事治疗	(1) 发掘案主的优势，提升其自我效能 (2) 减少案主对外界的防备，促使其与他人进行良性互动	(1) 案主主动交流的意愿有所增强 (2) 自信心明显增强
个案 D2	(1) 案主比较自卑 (2) 案主学习积极性不高	优势视角理论、社会支持网络理论	帮助案主发现自己的优势，树立自信，增强自我认同感	(1) 案主认识到自己的优点和长处 (2) 案主的自信心有所增强

续　表

服务对象	需　要	理论和模式	服 务 目 标	服 务 效 果
儿童抗逆力小组	(1) 小组成员自信心不足，克服困难的勇气不足 (2) 人际沟通技巧缺乏，人际交往能力较弱	抗逆力理论、发展模式	(1) 增强小组成员克服逆境的勇气和自信心 (2) 深入挖掘小组成员的潜能，积极利用外部优势资源提高其抗逆力	(1) 实现了预期的目标，小组成员满意度高 (2) 小组成员发现了自己优势，自信心有所增强 (3) 小组成员面对挫折的勇气有所增加

2. 家庭扶智的联合行动：发展性家庭模式建立

家庭抗逆力是一个整体系统，不仅需要个体成长与发展，还需要家庭成员之间以及家庭与家庭之间建立良性的互动关系，打造无形的家庭保护网络，抵御风险性因素的冲击。在家庭层面，项目社工主要从个案、小组和社区三方面进行服务，目的在于帮助家庭建立良好的家庭结构，构建良性的沟通互动模式和强大的家庭支持网络，进而将家庭打造成一个坚韧、团结的整体。影响抗逆力水平的家庭因素包括家庭关系、家庭成员健康状况、家庭事件(如压力事件)等。鉴于S村的实际情况，项目社工主要从亲子关系、隔代照顾者身心健康状况、家庭成员社区朋辈关系等入手开展服务，通过个案服务帮助有明显症状和需求的家庭，理顺该家庭的家庭结构，改善其家庭成员的沟通模式，提升其抗逆力。通过小组服务扩展服务面，改善家庭亲子关系和支持隔代照顾者，目的在于促进隔代照顾者和儿童的良性互动，帮助隔代照顾者树立正确的教育理念，促进隔代照顾者的身心健康。面对“原子化”现象日益凸显的村庄，项目社工通过社区服务增进家庭与家庭之间的联系，扩展家庭的社会支持网络。具体服务内容如表7-2所示。

表7-2 项目服务内容(二)

服务对象	需　要	理论和模式	服务目标	服务效果
个案E	案主需要与孙辈建立良好的家庭关系	认知行为理论、社会支持网络理论	改善教育方式，学习科学的教育及育儿理念，并找到合适的教育方法	案主意识到现有教育方式存在不足，学习到新的教育及育儿知识，与孙辈关系有所缓和
个案F	案主学习成绩差，社交能力不足，与家庭成员的关系较疏远	社会支持网络理论、叙事治疗	案主学习成绩有所提高，并与家人建立亲密关系，自我价值感有所提升，可主动与周围人互动	(1) 案主在沟通交流方面比之前更加主动，自信心明显增强 (2) 案主与奶奶的关系有所缓和
个案G	(1) 案主学习成绩较差 (2) 需要与家人建立亲密关系，以填补家庭情感缺失	社会支持网络理论、家庭治疗	(1) 使案主学习成绩有所提升，改变消极的学习态度 (2) 与家人建立亲密关系，保持良性的家庭互动	(1) 案主的学习成绩明显提升 (2) 案主能够理解家人对他的心意，并且在一些行为方面有了好的改变
“手牵手，共成长”亲子教育小组(对象：S村留守妇女与留守儿童)	缓和亲子矛盾，建立良好的亲子关系	沟通理论、亲子关系理论、互惠模式、社会学习理论、游戏理论	(1) 转变留守妇女的教育理念及家庭教育方式 (2) 促进亲子间关系的改善	有效实现了预期目标，小组成员满意度高

续　表

服务对象	需　要	理论和模式	服务目标	服务效果
“老人互动，点燃夕阳”老年互助小组（对象：已建档立卡的50～70岁的老年人，多为儿童的隔代照顾者）	（1）建立相互支持的社交网络 （2）共同学习、分享隔代育儿的相关知识	互助模式、活动理论、符号互动论、埃里克森的人格发展理论	（1）扩展小组成员的交际网络，使小组成员之间形成互助关系 （2）提升小组成员隔代教育的能力	（1）小组成员的支持互助网络有所扩展 （2）通过组内成员分享隔代教育知识与经验，小组成员的育儿知识有所增加

四、基于家庭抗逆力理念的社工扶贫项目的反思与局限性

（一）基于家庭抗逆力理念实践的反思

1. 家庭抗逆力理念在反贫困中的作用

本项目依据家庭抗逆力理念在S村进行了实践，经评估与总结，家庭抗逆力理念在反贫困中具有以下作用：

第一，社工通过培养家庭成员积极的人格特质，提升其自我效能和技能，降低出现因个人能力不足或缺陷诱发贫困的风险，激发家庭成员的潜在保护因素，提升其人力资本，增强其未来的个人竞争力。

第二，社工通过专业活动优化贫困家庭的家庭结构，改善家庭成员之间的关系，优化家庭资源，以提升整个家庭的抗风险能力；通过挖掘家庭内部的优势与力量去对抗家庭中存在的风险因素，降低外在因素引发贫困的概率。

第三，家庭抗逆力的反贫困项目从长远来看可减少贫困的代际传递，其旨在改变整个家庭的信念系统，使其观念由“弱势”转变为“发展”，打破家庭

贫困代际传递的恶性循环。

2. 家庭抗逆力理念在反贫困中的服务策略

本项目虽取得了良好的成效，但S村人口外流情况严重，从家庭结构来看，家庭中的“中坚层”流失对家庭影响较大。针对这种情况，社工在运用家庭抗逆力理念时没有千篇一律地开展服务，而是发展出一套针对“中坚层”缺失的家庭的个别化服务模式。项目社工在S村开展服务积累了以下服务经验：

第一，在服务对象方面，以儿童、青少年为主。相较于其他家庭成员，儿童、青少年吸收新知识、新事物的能力强，可塑性较好，他们的闲暇时间也较充足且弹性较大，便于开展活动。最重要的是，在阻断贫困代际传递的过程中，儿童、青少年是最重要的一环，如果儿童、青少年状况有所改善，那么长期贫困现象可得到极大的改善。

第二，在家庭关系方面，以亲子关系改善和支持隔代照顾者为主要的服务内容。家庭是个体重要的微观环境，对个体人格的形成有重要的影响。家庭成员之间的互动塑造了个体认知、应对姿态等特质。在S村，一些儿童在成长过程中缺少父母的陪伴，他们不愿沟通、不善沟通，亲子间沟通不足；一些留守妇女找不到合适的教育方式帮助孩子健康成长。由于农村学校师资力量不足，多数留守儿童学习成绩不佳，他们的父母非常着急但又无能为力，难以控制情绪，经常批评、训斥孩子。同时，S村大多数儿童为留守儿童，他们的照顾者为祖辈家长，由于生长环境、认知、观点等方面的不同，许多家庭出现了隔代矛盾，隔代照顾者身心疲惫，这对儿童、青少年的成长非常不利。鉴于此，在家庭关系方面，项目社工积极协助家庭改善亲子沟通方式，转变留守妇女的教育理念，丰富家庭教育方式；支持和关怀隔代照顾者，帮助他们建立良性的隔代关系，为儿童、青少年成长创造良好的家庭环境。

（二）家庭抗逆力理念在反贫困中的局限性

以家庭抗逆力理念为指导的社会工作介入反贫困项目在S村取得了良好的效果，但也存在一些局限性：

第一，以家庭抗逆力理念为指导的社会工作介入反贫困项目在短期内较难发挥明显作用。抗逆力在顺畅状态下较难被重视，只有在个体或家庭处于逆境或风险环境中才能发挥其作用。

第二，大部分社工扶贫服务得益于短期的项目支持，具有阶段性、临时性的特征，不具有长期稳定性，但是扶贫工作是任重道远的长期工作。以家庭抗逆力理念为指导的社会工作介入反贫困有别于普通的扶贫工作，也有异于主流的财政扶贫的单向给予模式，家庭抗逆力理念注重从关系、内生力量、思维和文化上对贫困人口进行干预，阻断贫困的代际传递，从而实现脱贫致富。

第八章　多元主体协同助力社会工作教育扶贫落地生根案例

一、引言

中华人民共和国成立后，就致力于经济社会的发展，以尽快摆脱贫穷和落后，实现社会主义现代化。改革开放以后，东部沿海地区的迅速发展让西部地区的贫困治理更加迫切。1994 年，我国制定了《国家八七扶贫攻坚计划(1994—2000 年)》和《中国农村扶贫开发纲要 2001—2010 年》，并在 2010 年年底基本解决了全国贫困人口的温饱问题，为世界减贫事业做出了巨大贡献。从 2013 年习近平总书记提出精准扶贫到 2016 年年底，每年农村贫困人口减少数量都超过 1 000 万人，累计脱贫 5 564 万人。贫困发生率从 2012 年年底的 10.2%下降到 2016 年年底的 4.5%，下降 5.7 个百分点。在取得成绩的同时，深度贫困地区部分贫困群众的"等、靠、要"及不愿脱贫的思想问题凸显。2017 年 6 月 24 日，习近平总书记在参加深度贫困地区脱贫攻坚座谈会时指出：扶贫要同扶智、扶志结合起来，注重激发贫困地区和贫困群众脱贫致富的内在活力，注重提高贫困地区和贫困群众的自我发展能力。《民

政部 财政部 国务院扶贫办关于支持社会工作专业力量参与脱贫攻坚的指导意见》中指出:“社会工作专业人才是为贫困群众提供心理疏导、精神关爱、关系调适、能力提升等社会服务的新兴力量,在帮助贫困群众转变思想观念、树立自我脱贫信心、拓宽致富路径、提升自我脱贫能力等方面可以发挥积极作用。”2017 年年底,“中国社会工作教育百校对口扶贫计划”首次启动,内蒙古工业大学社会工作 MSW 教育中心(以下简称“MSW 教育中心”)即加入。加入扶贫计划以后,关于如何运行这一计划,真正发挥社会工作专业的作用来解决相关问题,MSW 教育中心经历了艰苦的探索和实践过程。

二、理论视角与工作方法

(一) 理论视角

1. 可持续生计资本理论

从社会工作“能力为本”的专业特质出发,逻辑解构“社会工作参与扶贫、解决贫困群众内生动力不足、扶志扶智”的任务,西方可持续生计资本理论中关于能力贫困的研究成果具有积极的指导意义。

阿马蒂亚·森一直关注贫困的能力匮乏维度,并提出了可行能力贫困的概念:“用一个人所实际上能够把握的可行选择,即一个人所拥有的、享受个体有理由珍视的那种生活的实质自由选择集合来衡量一个人的处境或贫困状况。”①而可行能力被剥夺主要表现为严重营养不良、患有慢性病、受教育程度较低、适应环境的能力较差、信息基础和社会资本匮乏。这些表现与

① [印度] 阿马蒂亚·森:《正义的理念》,王磊、李航译,中国人民大学出版社 2012 年版,第 210—211 页。

以往我国深度贫困地区贫困群众的贫困问题与致贫原因高度契合。

美国华盛顿大学的迈克尔·谢若登(Michael Sherraden)教授认为:"人们在积累资产时会产生不同的思想和行为,社会也会对人们产生不同的回应。具体而言,资产改善经济稳定性,将人们与可行有望的未来相联系,刺激人力或者其他资本的发展,促使人们专门化和专业化,提供承担风向的基础,产生个人、社会和政治奖赏,增强后代的福利。"①经济学研究学者认为迈克尔·谢若登利用资产积累的方式促进了人们思维模式、行动模式的改变,具有积极的心理效应。社会工作者则更看重其与任务中心模式的逻辑契合性。

美国哈佛大学的塞德希尔·穆来纳森(Sendhil Mullainthan)认为,长期资源稀缺会导致人产生稀缺思维模式,致使心智能力大幅下降,判断力、洞察力与前瞻性丧失,行动能力削弱。② 这与社会工作对陷入困境的个体的能力状况的评估判断也基本一致。

当然,本章案例研究之所以选择可持续生计资本理论作为指导理论,并不是因为其能力贫困研究与社会工作能力为本的逻辑契合,而是因为贫困治理瞄准的主要任务是解决贫困群众的生计问题并实现生计的可持续。

2. 优势视角理论

优势视角作为社会工作实践的重大飞跃,是一个多层面的实践手法,在很大程度上依赖于社工和案主之间的真诚与创造、勇气与尝试。这一视

---

① [美]迈克尔·谢若登:《资产与穷人:一项新的美国福利政策》,高鉴国译,商务印书馆2005年版,第180页。

② 高功敬:《城市贫困家庭可持续生计:发展型社会政策视角》,社会科学文献出版社2018年版,第14页。

角强调：即使是最可怜的、被社会所遗弃的人，也具有内在的转变能力。这与社会工作参与对口扶贫，转变贫困群众思想，实现扶志与扶智的基本思路是一致的，与我国政府一贯坚持的“造血式”扶贫模式也是一致的。

在使用优势视角理论指导社会工作参与对口扶贫的过程中，社工需要关注的不仅仅是贫困个体得以转变的特征和品质。正如丹尼斯·塞利比(Dennis Saleebey)所说：“正当这些人受到鼓励和赞许的时候，最近的观察又表明他们所取得的成就不仅仅源于他们个人内在的品质，同时也存在于过去和现在的关系中。在这种关系中，他们学会了以一种特别的方式去解释这个世界和他们自己，而正是这种方式和态度使他们能够忍受并克服困难。”[①]这指导了内蒙古工业大学的社会工作教育扶贫师生从关系角度梳理有利于贫困群众转变的优势，并在优势关系中进一步梳理有利于摆脱生计贫困并实现生计可持续的生计资本运行结构，同时通过实践为优势视角增加了具有中国特色、地区特色的循证证据。

3. 治理理论

“治理”源于拉丁文和古希腊语“引领导航”(steering)一词，原意是控制、引导和操纵。1989 年，世界银行首次使用“治理危机”(crisis in governance)来概括非洲的发展问题，此后，治理在社会科学领域被广泛使用。治理理论的主要创始人之一詹姆斯·N. 罗西瑙(James N. Rosenau)认为，治理是一系列活动领域的管理机制，通行于规制空隙之间的那些制度安排，或许更重要的是当两个或更多规制出现重叠、冲突时，或者在相互竞争的利益之间需

① [美] Dennis Saleebey：《优势视角：社会工作实践的新模式》，李亚文、杜立婕译，华东理工大学出版社 2004 年版，第 2—3 页。

要调解时才发挥作用的原则、规范、规则和决策程序,也是一种由共同的目标支持的管理活动。1995 年,全球治理委员会在《我们的全球之家》研究报告中指出:治理不是一整套规则,也不是一种活动,而是一个过程;治理过程的基础不是控制,而是协调;治理既涉及公共部门,也涉及私人部门;治理不是一种正式的制度,而是持续的互动。我国学者俞可平也认为,治理的目的是在不同制度关系中运用权力去指导、控制和规范公民的各种活动,以最大限度地增进公共利益。① 治理与管理、统治不同,治理的主体是多元化的,治理主体关系平等化、治理手段多元化、治理向度互动化。

(二)工作方法

1. 参与式观察

内蒙古工业大学的社会工作教育扶贫师生在深入贫困村时采取了参与式观察的方法,把自己对贫困和扶贫政策的理解、认识、研究、调查结论带入村庄,带给农户,通过影响认知完成整体扶贫环境的结构组合要素及其运行方式的重构。

2. 半结构式访谈

内蒙古工业大学的社会工作教育扶贫师生针对问题、需要在贫困村开展了大量的访谈,且均采取了半结构式访谈。访谈对象包括常住人口、村委会主任、驻村扶贫干部、驻村社工。访谈会在入村入户时进行,也会利用微信等现代通信手段,多频次深入沟通。为此,内蒙古工业大学提出了针对农村扶贫的"互联网+社会工作"服务模式,这一模式解决了距离问题和驻村困难,大大提高了社会工作对口扶贫的效率。

---

① 俞可平:《治理与善治》,社会科学文献出版社 2000 年版,第 5 页。

3. 个案管理

针对贫困村的贫困问题和致贫原因，在观察和访谈基础上，MSW 教育中心整合全学院力量，与学校扶贫工作队、所在县领导、所在村驻村工作队、村干部进行了问题分析、诊断并提出了建议。

三、内蒙古工业大学社会工作教育扶贫项目实践过程

（一）项目缘起

内蒙古工业大学 MSW 教育中心在加入“中国社会工作教育百校对口扶贫计划”后，针对如何开展这一计划以及如何确定一个可行项目是茫然的，或者说是举棋不定的。当时学校的考量是社会工作参与扶贫肯定与企业的重资产扶贫不同，甚至与学校的投资扶贫也不可能一样，但绝对不能搞形式主义扶贫，也不能是重复简单支教式扶贫。为此，MSW 教育中心召集社会工作系教师，召开了多次计划执行的可行性项目选择会议，参会人员提出了直接驻村进行一线扶贫的困难，也提出了假期扶贫的形式化问题。这些问题被带到了 2018 年 4 月在桂林召开的“中国社会工作教育扶贫第二次动员大会暨教育扶贫研讨会”上。在会议上，多所高校介绍了自身已经开展的扶贫项目，也表达了开展项目的各种困难。同时，各高校也建议，各校要根据自己的优势确定具体项目。在会议现场，内蒙古工业大学负责执行计划的社会工作系教师提出了是否可以利用高校人才培养优势将社会工作教育扶贫项目确定为“人才培养”，旨在为贫困地区培养反贫困社会工作专业人才队伍，将社会工作理念、方法、技巧融入脱贫攻坚之中。这一设想获得了中国社会工作教育协会领导的支持，奠定了项目开展的基础。

（二）项目背景

选择“人才培养”作为社会工作教育扶贫项目的主要内容，与内蒙古工业大学社会工作专业教师长期深入贫困农村牧区调研有着很大的关系。他们调研发现：基层一线的村干部、驻村工作队在面对有“等、靠、要”想法的贫困群众时工作办法较少，或者群众不买账，甚至出现群众要挟干部，干部不敢怒、不敢言的情况。这一问题当时在全国尤其是深度贫困地区较普遍。而社会工作源于扶危济困，有着专业的理论、技巧、方法和丰富实践经验来支持这一类问题的解决。

（三）项目实施地点

MSW 教育中心加入“中国社会工作教育百校对口扶贫计划”时就选择了将学校的扶贫工作地点乌兰察布市卓资山县大榆树乡麻地卜村（以下简称“麻村”）作为项目的实施地点。之所以选择麻村，一开始是因为希望与学校的扶贫工作结合甚至合并进行，充分利用学校的扶贫力量解决社会工作扶贫资金、人员、设备不足的问题。但随着项目的推进，社工将实施地点扩大到了整个乌兰察布市，并没有仅限于麻村。

麻村原来是国家和自治区两级贫困村①，下辖 9 个自然村，常住人口 233 户，448 人，占户籍人口总数的 24.8%，全村建档立卡贫困人口共有 114 户，221 人（2016 年年底数据）。其中，因病、因残致贫 80 户，145 人；因学致贫 9 户，28 人；因缺资金致贫 9 户，22 人；因缺劳力致贫 9 户，13 人；因自身发展动力不足致贫 7 户，13 人。截至 2018 年，全村共脱贫 22 户，53 人。到项目社工驻村时，全村尚剩余贫困人口 25 户，46 人。

① 麻村于 2019 年年底脱贫。

(四) 项目实施对象的特点

对项目实施对象的准确界定是一个过程。2018 年年初,项目社工一开始理所当然地将贫困群众当成了计划开展服务的对象,从群体特征到个别问题,都做好了资料查询、问询、入户调研,但是当打算开展工作的时候却举步维艰。首先,驻村与正常教学任务有冲突;其次,驻村的食宿地点和费用都很难解决;最后,贫困群众的扶志与扶智工作绝不是一次两次上门、访谈、会谈、诊断、介入就可以完成的。2018 年 4 月在桂林召开的教育扶贫研讨会将计划开展对象确定为脱贫攻坚工作人员,将帮助工作人员分析和解决问题确定为主要工作内容,以此确定具体服务项目。

麻村脱贫攻坚工作人员是项目的直接实施对象,包括村书记、村主任、村委会成员、村妇联主任、村支部委员、副书记共 6 人,驻村工作队成员 5 人。在这 11 人中,村委会成员比较年轻,富有朝气,工作热情主动,敢于“啃硬骨头”,勇于尝试新做法,这为项目的落实和推动奠定了基础。驻村工作队中有县驻村部长 1 人,工作人员 1 人,内蒙古工业大学驻村教师 3 人(副处长 1 人、全区高校辅导员年度人物 1 人、MSW 教育中心秘书 1 人)。县驻村部长决心坚定,三位教师认真负责,也是项目实施的重要保障。

“人才培养”项目确定后,以脱贫攻坚工作人员为项目实施的主要对象,但并不是说项目实施对象不包括普通群众。麻村贫困人口有年龄大、学历层次低(小学和文盲占多数)、贫困程度高、致贫原因多重交叉等主要特征。在项目社工将项目扩展到乌兰察布市商都县和化德县以后,这些特征更加突出。社工尽可能利用各种形式、各种机会服务贫困群众。而不断转变的群众是项目实施的关键,更是评估项目成效的关键。

（五）需求调研

在将脱贫攻坚工作人员作为社会工作教育扶贫项目实施对象后，项目社工以他们在脱贫攻坚工作中遇到的问题为导向进行了需求分析。需求调研以半结构式访谈的方式进行，访谈对象主要包括内蒙古工业大学三个批次的驻村工作人员、在届和往届村干部、驻村县工作人员、分管工作的县级领导。访谈主要围绕以下问题进行：脱贫工作是否有难度？脱贫工作中的难点是什么？目前的困境是什么？需要从哪些方面进行帮助？需求评估是在多次访谈后形成的，既有与全国其他贫困地区相同的特点，也有属于自己的特点。

第一，问题类型及排序（见表 8－1）。

表 8－1　需求调研问题类型及排序

序　　号	问 题 类 型
1	第三方评估带来的综合压力沉重
2	整体承受的心理压力较大
3	与村民沟通的方法和技巧不足
4	贫困人口的返贫难以预料和控制
5	工作任务繁重
6	资料整理压力大

第二，需求类型及分布。根据问题类型及排序，项目实施对象的需求主要分布在以下几个方面：对扶贫、脱贫政策的理解和解读需求，情绪和压力管理需求，沟通技巧辅导需求，工作管理辅导需求，脱贫及生计可持续路径筛选需求，工作任务分担需求，等等。

工作人员的需求中其实隐含了贫困人口的一般性需求和发展性需求、规范性需求和表达性需求。

(六) 方案设计

根据问题和需求分析，项目社工采取了逐步开发模式进行方案设计，这与之前利用文献研究、社会调查、质性研究、参与式观察等方法进行需求分析相一致(见图 8－1)。

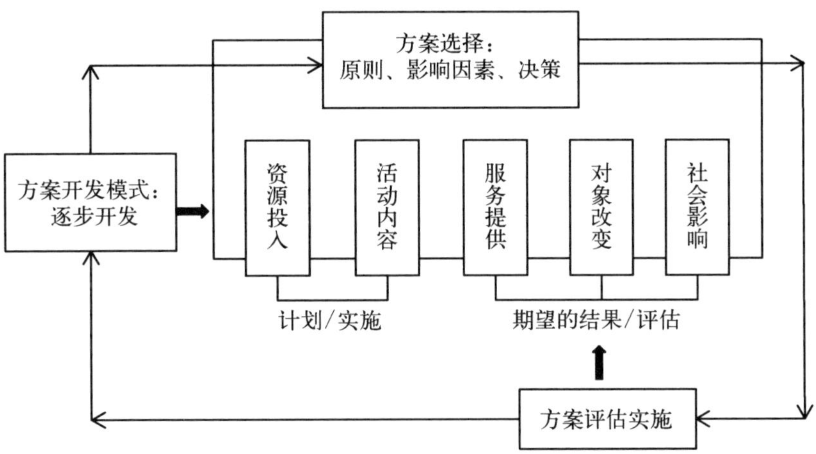

图 8－1　方案基本结构

(1) 方案设计原则。第一，前瞻性，即将政策与理论研究紧密结合，解决政府委托和高校学者参与的第三方评估需求；第二，实际性，即统筹考虑脱贫和可持续生计；第三，逻辑性，即遵循从感性认识到理性认识的认识规律；第四，具体性，即细化活动内容；第五，可行性，即坚持多主体责任共担、共同决策。

(2) 方案运行影响因素。坚持了广义环境论与利益相关者分析框架，涉及政策变动和发展因素，当地区域和县域经济发展水平，一般群众和贫困群众文化认知水平，当地习俗、自然禀赋、气候以及学者的学术积累和影响。

(3) 方案目标。方案采取了多目标设计，将实现发展和产生社会影响纳入其中，以实现发展和产生社会影响驱动内生动力，实现扶志、扶智和精准脱贫的工作目标。

基础目标：改善个人工作方法、技巧，提升个人工作能力，解决工作难题。

分目标一：激发贫困人口的内生动力，实现扶志、扶智、精准脱贫工作目标。

分目标二：总结、概括、推广地方发展模式，产生积极的社会影响。

(4) 实施方法及内容。采取个案工作方法及自我探索技巧辅导、焦点小组工作方法及技巧、个案管理方法及技巧、情绪与压力管理方法及技巧、基线测量方法。

(5) 统筹人员。方案运行是在多元治理主体协同助力下进行的，所以统筹人员包括改变媒介系统人员和行动系统人员。具体而言，统筹人员包括社工(教育者、专家)、内蒙古工业大学参与教师(法学类专业教师、材料学专业教师、城市规划专业教师、能源与动力专业教师)、社会组织与基层政府工作人员、学者等。

(6) 资源投入。其主要是人力和智慧投入，工作经费由 MSW 教育中心所在人文学院提供，参与活动的教师没有额外工作报酬和补助。

(7) 活动开展形式和时间。主要采取直接服务和线上服务。

(七) 服务介入

服务介入采取了直接介入与间接介入有机结合的方式，介入过程中坚持了服务对象自决、个别化和与服务对象相互依赖的原则。现将服务介入整合如下。

1. 环境的改变

乌兰察布市卓资山县原来为国家级贫困县，在国家、自治区两级扶贫工作组织中，各种社会力量参与当地脱贫工作，基层政府倾听多种声音、协调各方资源。内蒙古工业大学原来也有自己的扶贫计划，项目社工参与进来以后，需要在不断沟通中相互协调。

内蒙古工业大学社会工作专业是典型的工科背景下的文科专业，专业建立是学校综合大学建设的结果，专业发展又受学校工科大学质量提升的影响，即学校体量扩张不会给予社会工作专业更多的机会，其存在结构调整和资源争取的内部矛盾。学校在 2014 年作为社会力量加入扶贫工程以后，曾经遇到推进上的困难，脱贫成效并不显著。学校 2014 年派驻扶贫地区的第一批教师包括人文学院本科教学秘书和印刷厂职工。他们返回后对贫困社区的评价是老龄化严重、可用资源不足、脱贫难度大；对贫困群众的评价是内生动力不足，“等、靠、要”思想严重。当时，学校扶贫的主要内容是捐赠钱物，这种“输血式”扶贫方式的效果只能是即时性的。在学校寻求更多解决办法的时候，社会工作系一直从事贫困调查研究的教师提出可以利用专业原发性功能和方法优势，但这仅限于非正式研讨，对于“如何参与，参与什么环节”当时并没有正式沟通过。这一困境的转机是“中国社会工作教育百校对口扶贫计划”，内蒙古工业大学社会工作系在第一批次即以 MSW 教育中心身份加入该计划，将学校扶贫点作为计划执行地点，并获得资格证书。之后，社会工作系在向学校汇报时详细解释了社会工作参与扶贫的专业背景和学科优势，并强调可以充分利用教师和学生的调研、沟通、协调优势助力学校的扶贫任务。此时，学校的扶贫任务艰巨，而社会工作系主动承揽了这一艰巨的任务。之后社会工作系教师与负责学校扶贫工作的后勤管理处副处长、参与学校扶贫工作的教务处副处长，多次就社会工作为什么可以参与、怎么参与、参与哪些方面进行了沟通。同时，他们克服资金困难、人力困难，多人次深入社区、农户，完成多轮次问题分析和诊断，不断向学校汇报工作进展，最终获得了学校的理解和支持，形成了社会工作的校内支持网络，让社会工作教育扶贫与学校对口扶贫工作可以统筹进行。其间，两者关系在推进中发生了变化：由学校主导、社会工作系辅助发展成社会工作系与学校协同推进。其标志性事件是在学校再一次更换驻村工作队时，MSW 教育中心的教学秘书参与其中，成为项目驻村社工。这是社会工作教育扶贫的内部环境建设。

在校内专业建设环境改变的过程中，社会工作的校外职业环境也发生了改变。受益于政府有关社会组织建设、政府购买服务的政策，社会工作走向了民政部门、社会组织管理部门、社区管理部门等各个部门。尤其是在走向各级扶贫办的时候，教师与学生的主动热情及专业的职业技能使他们获得了认可和支持。

内蒙古工业大学社会工作教育扶贫项目基本再现了这一转变过程。项目组在首站里三元井村进行的是贫苦扫描和基本测量，对开展扶贫工作的工作人员进行访谈。之后项目组与卓资山县政府就如何开展社会工作教育扶贫开了工作会，提出了助力脱贫的工作目标，而卓资山县政府的回应是“可以试试”，这是该项目得以开展的重要的政府环境支持要素。

2. 服务对象对现有资源的运用

促使服务对象运用现有资源，首先需要了解现有资源。项目组采取了可持续生计资本分析框架对麻村整体资本进行了盘点。之所以采取可持续生计资本分析框架，是因为这一框架和脱贫攻坚的工作思路、工作内容比较接近。可持续生计资本盘点是社工和内蒙古工业大学驻村工作队成员一起经多次访谈、核实完成的。根据各类资本对脱贫的贡献程度来描述资本的状况，并采取“优良”“一般”“不良”三种分级指标(见表 8-2)。

表 8-2　麻村可持续生计资本评估表

资本名称	人力资本		社会资本		自然资本		物质资本		金融资本	
	选项	状况	选项	状况	选项	状况	选项	状况	选项	状况
具体内容	健康	不良	关系网络	优良	土地	优良	道路	优良	储蓄	一般
	知识	一般	关系运行	一般	水资源	优良	运输工具	优良	农业收入	一般
	技能	一般	联系渠道	优良	林木资源	优良	安全住所	优良	经营性收入	一般
	教育	一般			野生动植物	优良	卫生饮水	优良	务工收入	一般
					环境	优良	通信	优良	政策性收益	优良

麻村可持续生计资本整体结构不平衡，一般和不良资本主要集中在人力资本和金融资本两项，优势资本主要集中在社会资本、自然资本和物质资本三项。在优良关系网络的作用下，自然资本和物质资本对脱贫的贡

献程度不断提高。优良关系网络主要是通过政府的脱贫攻坚工作建设起来的，是脱贫的重要社会支持网络，参与其中的多种社会力量带来的技术、知识、政策、项目、观念、市场等整合作用于生计资本，对脱贫的贡献突出。

在对可持续生计资本进行盘点以后，社工以案例的形式帮助服务对象进行了工作思路转变的自我探索。

婚姻家庭问题的预估——贫困的代际阻断①

1. 案例概括

80 岁的李大爷从小家境贫困，婚后育有一儿一女，此后生活更加艰难。在儿子进入适婚年龄以后，李大爷和邻村的乔大爷自认为做了非常英明的决定，就是通过“换亲”，将李大爷家的女儿嫁给了乔大爷的儿子，将乔大爷的女儿嫁给了李大爷的儿子。“换亲”最大的好处就是节约成本，最大的坏处就是儿女婚姻的非自主性。尤其对女性来说，如果结婚后男方获取财富的能力差，在短时期很难改变贫困状况，那么婚姻解体的可能性很大。李大爷家就出现了这一情况。在脱贫无望后，李大爷的儿媳妇离开了家庭，她的一对儿女均辍学在家。已经 50 多岁的儿子常年在外打工，很少回家，23 岁的孙子和 20 岁的孙女经常在大街上游荡。

2. 案例预估分析

本案例是 2017 年年底社会工作专业学生在深入农户时发现的，属于主

① 本案例为内蒙古工业大学社会工作专业 2017 级硕士生张超逸、2015 级本科生王俊杰和李鹏飞入户调研的结果，由社会工作系教师邓俊丽编写而成。

动开发的案例。社工采用了家庭结构图和生态系统图，运用了优势视角的实践方法，对案例中案主的问题和需求进行了预估分析。预估分析虽坚持了个别化原则，但并没有做简单归因处理。

李大爷的问题及需求如下：生活物资缺乏、日常生活照料和精神慰藉需求迫切，因担忧儿孙而产生较大的心理压力。

李大爷儿子的问题及需求如下：就业、收入、住房、婚姻等，同时存在子女婚姻帮扶、父亲赡养的压力。

李大爷的孙子 23 岁，在县城有房居住，以打零工为主，有就业、发展和婚姻的需求；孙女 20 岁，打零工，经济同样紧张，有发展和婚姻的需求。

3. 原因识别及支持系统分析

李大爷一家一直存在发展动力不足的问题。造成这一问题的主要原因是家庭内部的非理性观念和贫困，且李大爷的儿子延续了非理性观念和贫困。当时的脱贫政策是解决问题最有力的支持要素，包括惠及李大爷的社会保障政策，可以帮助李大爷孙子、孙女解决就业问题的就业培训政策，可以帮助这个家庭改善住房条件的易地扶贫政策，等等。

4. 改变策略预估

在改变策略选择的预估中，李大爷的需求可以依靠当时的政策基本得到满足；在其儿子和孙子、孙女的各种需求中，孙女的婚姻需求是最容易解决的。这一结论得到当地婚姻市场的支持。在农村婚姻市场中，女性的优势较明显。也就是说，李大爷的孙女是可以在较短时期内推动整个家庭发生改变的重要因素。孙女可以凭借婚姻选择优势，挑选优秀的男士成婚，为整个家庭注入新鲜血液，推动整个家庭发生良性改变。当然，孙子的技能提升也十分必要，是需要长期坚持的基本策略。孙子 23 岁，正是学习成长的最好年龄。他可以通过技能学习、管理能力培训、发展规划能力培育来提升获取财富的能力。这也是他成婚和婚姻有保障的根本。此外，李大爷儿子的家庭经营、建设和管理能力也需要提升。其婚姻失败的原因在于家庭的经营、建设和管理能力不足。

这一案例预估所使用的优势视角和自我探索技巧，极大地启发了项目实施对象在完成对可持续生计资产盘点后调整脱贫及生计可持续策略。项目社工的建议是更好地运用现有优势资源——社会资本。内蒙古工业大学作为优势资本的归因，不是捐钱、捐物，而是具有消费潜力，即通过消费农产品带动当地农业种植和农产品销售。这一建议同样立足于优势分析及逻辑合理性和可行性：驻村工作人员有学校的后勤处副处长，学校扶贫队队长是后勤处处长，而后勤处负责学校食堂工作，需要采购大量农产品。一旦建议可行，就会形成稳定的可持续的购买需求，这就会倒推贫困村制定明确的发展规划，也会让贫困群众有脱贫和生计稳定的信心，进而产生内生动力。实践证明项目社工的建议是可行的，在学校扶贫队伍和驻村工作队开会协商以后，这个建议成为后来学校扶贫的主要方案。

3. 任务中心模式的运用

在确定了基本的服务思路和内容以后，项目社工针对项目实施对象的需要制定了《内蒙古工业大学社会工作教育扶贫方案》，确定了任务分解表，建立了微信工作群、支部共建的团队和个人工作机制，具体推进和实现程度如表 8-3 所示。

表 8-3　项目推进和实现程度

社会工作教育扶贫内容	任务分解		实现程度
社会工作方法和技巧辅导	沟通技巧辅导		经常
	小组工作技巧辅导		经常
	情绪和压力管理辅导		多次
政策解读	脱贫政策、第三方评估要求		多次
志愿服务	资料整理、入户访谈		3 次
贫困调研	麻村调研		3 次
	其他贫困村调研		3 次
贫困项目申报与开展	科学研究项目		3 项
	互联网＋创业创新项目		3 项
论文撰写	科学研究论文		4 篇
	学位论文		36 篇
人才培养培训	直接培养	非正式报考发动	多次
		正式报考发动	3 次
		报考	2 年报考 16 人次
		录取	2 名
	贫困课程开设		本科生、研究生
	驻村人员		1 名（MSW 教育中心教学秘书）
“牵手”计划	与养老院、社会组织等“牵手”		已“牵手”1 个
社会工作教育参与脱贫攻坚实习实训基地	挂牌		已完成
第三方预估	分村进行		完成 2 个村庄

为完成上述任务，项目社工进行了资源整合和部门协调，将 MSW 教育中心扶贫工作与社会工作系教学、科研工作有机结合，将扶贫工作与学院的社会服务有机集合，将学院的学生实习和扶贫的志愿服务、入户访谈有机集合，统筹使用了学院的差旅经费、实习经费、教师的项目经费及全院师生的智力成果。内蒙古工业大学驻村工作队则统筹了全校的智力资源，为麻村顺利开展各项脱贫工作提供了大力支持。

4. 活动策略的运用

内蒙古工业大学社会工作教育扶贫工作在推进中的标志性事件是社会工作教育参与脱贫攻坚实习实训基地的挂牌，挂牌活动采取了规范的社会工作活动策略。活动由内蒙古工业大学人文学院组织发起并制订了详细的活动方案，获得了学校和卓资山县政府的大力支持。

新闻摘录：金瑞书记、成涛副校长参加人文学院帮扶麻地卜村教育扶贫实践系列活动①

2019 年 4 月 12 日，人文学院师生赴内蒙古工业大学帮扶点——卓资县大榆树乡麻地卜村举行社会工作教育扶贫实践系列活动。内蒙古工业大学党委书记金瑞、副校长成涛、乌兰察布市政协主席云淮、卓资县党委书记王晓军、县长李英、县委常委赵利森、宣传部部长武建清及我院领导、师生 80 余人参加了活动。

内蒙古工业大学作为内蒙古自治区的重点大学，从 2014 年开始就参与了卓资县大榆树乡麻地卜村脱贫攻坚各项工作。人文学院社会工作教育扶

① 资料来源：内蒙古工业大学官方网站(2019 年 4 月 16 日)。

贫是中国社会工作教育协会为落实《民政部 财政部 国务院扶贫办关于支持社会工作专业力量参与脱贫攻坚的指导意见》而开展的“社会工作教育扶贫对口计划”的具体内容。社会工作是参与脱贫攻坚的专业社会力量，开展社会工作教育对口扶贫是落实中央决策部署的需要，是回应贫困地区社会心理服务需求、提升社会服务专业化水平的需要，是促进社会工作事业全面、均衡发展的需要。

活动过程中，金瑞书记、云淮主席、成涛副校长和王晓军书记为“内蒙古工业大学社会工作教育扶贫基地”和“内蒙古工业大学田野调查基地”揭牌。人文学院师生随即开展了具体的服务项目，有针对留守老人的为老服务、心理咨询、政策解答、生计访谈，也有针对土地承包流转、婚姻家庭方面的法律咨询服务。活动期间，人文学院师生还为当地群众带去了精心准备的文艺表演，完成了“加强法治建设、弘扬法治精神”的签字仪式。

当日下午，人文学院党员代表、麻地卜村党员代表及驻村扶贫工作队成员开展了“抓党建、促脱贫”主题座谈会，并签署了社会工作系教工党支部和麻地卜村党支部党建共建协议。大家纷纷表示，要围绕扶贫工作，充分发挥党员的模范带头作用和支部的“战斗堡垒”作用。在开展座谈会的同时，人文学院社会工作系教师带领 40 名学生在村中进行了入户调研，对贫困户的生计情况进行了深入访谈。

此次活动，人文学院在了解当地贫困群众生活所需、激发内生动力、转变思想观念、树立脱贫信心、建设美好乡村、营造良好的农村法治环境等方面发挥了重要作用。

在活动过程中，有一位 40 多岁的村民与社工进行了交流。

村民：你们这么多人来主要是做什么呀？

社工：来帮忙的。

村民：帮什么忙呀？

社工：帮忙购买农产品。

村民：那农村猪肉、鸡肉你们买不买啊？

社工：那你有没有啊？据我所知，你们这都不卖啊，我自己买还得找亲戚呢。你们要有，我们也买。这不是关键，关键是我们单位买。

村民：你们单位能买多少？

社工：我现在和您一起算算。我们单位学生加教职工大约有3万人，每天3顿饭，你们有多少我们就能买多少，关键是你们得把这些种出来。只要种出来，你天天卖，我们天天买，你们就有收入了。

（这个时候已有很多村民围观）

村民：那我们怎么参与这个事情啊？

社工：找咱们驻村工作队呀！

由于活动方案详细、组织有力，活动开展得较为成功。通过开展活动，社会工作参与扶贫的事实得到了宣传。现场的社会工作服务、入户访谈、第三方模拟预估，则为精准扶贫提供了专业判断和专业建议。其中，麻村党支部和学校社会工作系教工党支部完成了支部共建，共建的第一次活动以焦点小组活动的形式开展，为项目社工预估问题及解决问题提供了非常好的现场资料。

四、成就总结

内蒙古工业大学社会工作教育扶贫项目运行两年，截至2019年年底项目执行地卓资县麻村第三方评估结束,项目社工对项目进行了评估与总结。社工采取了多维评估方法,对项目运行前后的状况进行了比对,包括以下四项内容:第一,项目实施对象的工作能力提升情况;第二,群众对脱贫工作的满意情况;第三,贫困群众的生活质量改变情况;第四,整体任务的完成情况及目标实现情况。

(一)对象改变

项目的实施对象既包括驻村工作队,也包括麻村所有的村民。项目社工希望通过工作队能力改变情况来看项目成效,并通过村民的改变情况来检验这一成效。

1. 从“数字扶贫”到“没有问题”——蛛网效应

“数字扶贫”是脱贫攻坚开始时普遍存在的问题。2015 年,内蒙古工业大学社会工作系教师为了完成个人承担的教育部社会科学一般项目,曾深入燕山—太行山集中连片特困区(内蒙古)贫困县,发现不少地区存在“数字扶贫”现象。“数字扶贫”反映的其实不是基层干部对扶贫工作的不作为,而是基层工作面对扶贫的无能为力,尤其是在面对深度贫困地区的深度贫困群众时,脱贫办法及措施不够,需要更多的社会力量参与进来助力脱贫。2017 年内蒙古工业大学社会工作专业加入卓资县脱贫攻坚工作以后,2018 年北京市与内蒙古自治区签署了全面深化扶贫协作行动纲领,进一步明确了扶贫协作任务;同时,双方共同组织了北京 16 家单位对接帮扶内蒙古 31 个旗县,搭建工作平台,鼓励、支持北京各类群团组织、社会组织、公民个人等积极参加帮扶行动,开展助医、助学、助残、助老等公益活动。其中,北京康乐颐年社会组织入驻卓资县,内蒙古工业大学与之合作,共同为当地居民提供社会工作服务。内蒙古工业大学在调整了扶贫方案后，于2019年7月扶持当地成立了“卓资县隆盛农特产品经销中心”。该中心依托内蒙古工业大学及其他高校较为稳定的市场渠道销售农特产品，辐射带动大榆树乡甚至整个县的居民受益。在各种力量共同织就了一张脱贫大网，脱贫办法多元化、保障措施有力以后，脱贫就没有问题了，“数字扶贫”也就不存在了。关于驻村社工在其中的作用，项目社工对驻村工作队成员进行了访谈。

社工：评价一下驻村社工吧。

工作队成员：一个好人，一个有想法的人，一个有能力的人。

社工：他对脱贫工作的作用呢？

工作队成员：他能够让我们心往一处想、劲往一处使。

社工：形容一下你们之间的关系。

工作队成员：我们是无话不谈的好伙伴。

项目社工对此的总结评价是，驻村社工起到了意识引导、观念塑造、过程推动的作用，让扶贫工作人员的想法、做法发生了改变，从而能够在脱贫大网中借力而行，共同助力脱贫攻坚。而社会工作能够参与其中并落地生根也是多主体协同助力的结果。

2. 向阳花开，平心而论——村民眼中的干部

伴随扶贫工作的深入推进，扶贫工作人员的工作能力不断增强，村民对扶贫工作和扶贫干部的满意度评价也发生了变化，从不信任到信任再到感谢。

内蒙古工业大学社会工作教育扶贫项目总结(节选)

扶贫工作人员激动地说:“老百姓都和我们说,缺什么就到家里拿!以前穷的时候等你给他们送,现在虽也不富裕但愿意给你,目的是表达感谢、信任。我们听了心里热乎乎的。有时候去老百姓家里,他们非要往你手里塞个鸡蛋,他们拉着你的手的时候,感觉再苦再累都值了。”我们问一对因病致贫的老夫妻对扶贫工作是否满意,他们说:“满意啊!我们身体不好,关人家干部什么事。一个个天天忙得灰头土脸的。”他们的表达能力有限,回答不见得那么准确,但要表达的意思我们懂,是感谢!我们在走访村民的途中碰到帮扶对象和扶贫工作人员时会握个手、碰个肩,相约再见!融洽的氛围让你感动!只有老百姓能够感知你对他们是真心的、用心的,他们才会拿真心待你。当你用心考虑他们的困难时,你才能以自己的能力帮助他们解决困难,所谓同理心,应该就是如此!

在农村精准扶贫的过程中,由于事实上存在过人情保、关系保、错保、漏保等问题,部分村民对基层工作人员是不信任的。而当扶贫工作切实有效后,群众其实给了非常积极的回馈。

3. 村民生活质量的变化

村民的生活质量变化测评可以从整体生活状况、行为、功能、态度、情感和感知六个方面进行前后比对。

村民的整体生活状况在项目运行的两年时间里发生了很大变化。2015—2017年,内蒙古工业大学社会工作系教师在麻村开展各项调查后得出比较统一的结论：存在贫困问题，村民居住环境较差、物质资源短缺、家庭卫生条件较差，部分村民精神不振、对生活和未来不乐观。2019 年 4 月，项目社工入户访谈时，麻村的贫困问题基本已经通过“五个一批”解决了。例如，社区环境得到了极大的改善，村民物质资源短缺问题全部解决，危房得以消除，村民饮水问题得到了极大的改善；农村合作医疗保险全部覆盖，针对贫困户还有送药上门、高比例报销、看病接送、医疗保险缴费代缴等服务；村民家中干净整洁，生活满意度较高。

贫困群众的行为发生了变化，冲突性行为减少。受人情保、关系保、错保、漏保等的影响，部分群众在精准识别过程中存在故意装穷、刻意转移财产的偏差行为。他们认为扶贫就是占便宜，非理性观念和非理想行为都存在，所以与工作人员在低保、医保、产业扶贫、惠农贷款等方面常有冲突。这实际上说明了当时部分群众的“等、靠、要”思想严重。在精准识别、精准帮扶到位以后，群众诉求获得满足，群众利益得到维护，他们对扶贫干部的信任和感激不断加深，偏差行为也没有了。

在功能方面，村民的社会性功能不断恢复，应对问题的能力在增强，沟通、交往、参与能力也在增强，不再是“等、靠、要”了。在态度方面，村民重视学习与脱贫有关的政策文件，尤其是与个人利益有关的地方性规定，如医保如何报销、低保如何申请、教育扶贫有哪些规定等。驻村社工和工作队耐心为村民解读政策，让他们知道自己为什么获得了保障和为什么不应该获得。在情感方面，村民对环境的无力感在改善。项目实施前，部分村民对环境的情感表达是“哎，没办法”；现在的表达是“政策一天比一天好，要好好地活着”。在感知方面，村民对扶贫干部的信任取代了偏见，村民的自尊感提升。在“等、靠、要”的阶段，部分村民更愿意表达自己的弱势、穷困，现在则认为不拖儿女后腿是好事，好吃懒做不好，要感谢政府和驻村工作队。

（二）社会影响

1. 人才培养

按照内蒙古工业大学社会工作教育扶贫项目内容，项目计划借助高校的教育资源为当地培养反贫困人才队伍，主要方式是社会工作专业硕士的培养。为此，学校在2018年和2019年以正式和非正式相结合的方式在整个乌兰察布市进行了招生和考试宣传，2019年专门赴乌兰察布市民政局、商都县、化德县进行了专场招生考试宣传，现场解读了国家、自治区、学校的招生考试政策，讲解了社会工作专业与民政、社区、基金会、妇联、残联工作的相关性，鼓励相关人员积极报考，并成立了考试课程辅导群以开展专业辅导。2019年，共有8名乌兰察布市相关部门工作人员报考学校社会工作专业硕士，最后录取2名。2019年，社会工作系继续鼓励学生深入麻村社区开展调查研究、社区服务及“三下乡”活动；鼓励教师和学生继续申报贫困项目，撰写相关学位论文和一般研究型论文。

2. 第三方评估与预估

第三方评估是国家委托高校教师对脱贫工作进行的综合性验收评估。评估时，评估专家根据评估内容对贫困户进行面对面提问，根据他们的回答对脱贫工作进行评估。国家采取第三方评估一票否决制。内蒙古工业大学社会工作系教师借助学校的科研优势，根据国家和学校出台的农村贫困监测报告，制定了第三方预估指标体系，在麻村进行了针对深度贫困户的第三方预估，共预估38户，其中深度贫困个案为10人（见表8-4）。

表8-4 针对深度贫困个案的第三方预估

村民	问题自述	问题判断
S某1	丈夫久病，危房改造后出现裂缝，个人提出有补助但没有下发的问题，并且不知道应该找谁去了解	沟通问题
H某	自述家中有困难	沟通问题
W某	儿子患白血病，妻子只能在家照顾儿子，有银行贷款	因病致贫和政策解读问题
Z某	土地流转的钱没有及时收到，村委会虽已协调，但迟迟没有答复（调研询问：是全村的问题还是个别家庭的问题）	沟通问题
X某1	自述为贫困户漏评户，原因在于长期不在村里居住。调研人员观察其穿戴和使用物品的情况，认为不属实（调研建议：需要驻村工作人员进一步确认）	偏差行为问题
M某	认为产业扶贫政策没有落实	政策解读问题
R某	未落实产业帮扶政策，未享受到帮扶措施，未享受上门送药服务，住院报销比例仍为70%，没有提高（调研建议：需要进一步做沟通工作）	政策解读问题
X某2	自述为被动脱贫，原因是儿子名下有不动产，她认为村中有和她一样的人，却评上了困难户（调研建议：对扶贫工作存在异议）	沟通和偏差行为问题
S某2	脑梗死住院，费用没有得到报销（调研建议：村民表述不清，调研人员表述也不清楚，问题反映不准确，建议工作人员核实）	政策解读和落实问题
X某3	自述家中有困难（调研建议：根据观察，以后可以增加物质帮扶）	—

根据以上预估，项目社工梳理了麻村后续工作开展的难点和重点。同时，国家根据全国各地第三方评估的前期经验，建立了更加科学、全面的第

三方评估要求和标准。之后，社会工作系教师还对驻村工作队进行了评估工作汇报内容的整理、汇报技巧的辅导，建议驻村工作队从多个维度进行全面、立体的汇报。2019年年底，麻村第三方评估验收结果为“优”，其中社会工作教育扶贫与内蒙古工业大学社会工作系教工党支部共建成为亮点。同期，作为项目扩展服务的化德县新村第三方评估验收也顺利通过。

3. 社会工作本地化

在社会工作教育扶贫项目运行过程中，项目社工提出了与当地实际情况相结合的服务模式：“互联网＋社会工作”服务模式。这一模式得益于全国开展的“互联网＋大学生创新创业”比赛，该比赛设置了普通赛道和青年红色之旅赛道。青年红色之旅赛道是让大学生立足贫困地区和革命老区开展服务项目的，负责推进比赛的内蒙古工业大学教务处要求社会工作系积极参赛。项目社工总结既有的服务经验，专门设计了符合“互联网＋”的服务方式，成功获得校级奖项。但同时项目社工也发现，“互联网＋社会工作”服务模式正好解决了社会工作教育扶贫项目运行之初的难题，即驻村和教学的冲突、驻村食宿难题、成本支出难题。借助于互联网，利用社交平台，教师和学生都可以开展更多元、更丰富、更持久的社会工作服务。

4. 反贫困社会工作专业委员会年度会议

为了更好地在全国范围内交流项目运行经验，2019年9月21日，内蒙古工业大学承办了中国社会工作教育协会反贫困社会工作专业委员会的年度会议。会议吸引了全国62所高校，共有140余人参加，国内研究并参与社会工作教育扶贫的多名专家、学者出席。2019年是脱贫攻坚的关键年份，此次全国反贫困研究专家、学者齐聚呼和浩特，共同就社会工作教育参与脱贫攻坚展开学术研讨，为脱贫攻坚和可持续发展献言献策，对全国的脱贫攻坚、全面建成小康社会具有极为重要的意义。

五、反思及建议

（一）社会工作教育扶贫需要嵌入

社会工作教育扶贫不是“另起炉灶”，而是与当地的脱贫工作协同开展，做到劲往一处使。所以需要将社会工作嵌入当地的具体工作之中，而嵌入的方式、环节则需要参与扶贫工作的多主体协商，嵌入以后各主体既要明确各自的责任，也要相互助力，从而在总目标实现的基础上实现各自的分目标。内蒙古工业大学社会工作教育扶贫项目以第三方评估实现了嵌入，根据第三方评估需要倒推人才培养和可持续生计模式选择、资源整合等，最终让社会工作教育扶贫项目落地生根。

（二）社会工作教育扶贫的过程就是结果

无论是贫困群众还是工作人员的变化，都依赖于过程的推动和任务完成的积累。社会工作教育扶贫的过程控制与精准识别、精准施策、精准帮扶的机理逻辑一致，容易在与基层政府合作中实现过程同构，最终实现精准脱贫。内蒙古工业大学社会工作教育扶贫项目运行两年中，意识引导、理性观念重建、能力发展都是通过一点点量的积累才逐渐实现质的变化的。

（三）社会工作需要自己的扎根理论

内蒙古工业大学社会工作教育扶贫项目后期运行了“互联网＋社会工

作”服务模式，同时也从项目中获得了临床数据，但社会工作如何更好地为农村生计可持续发展和乡村振兴贡献专业力量，还需要在大量社会调查和科学研究基础上提出自己的扎根理论，建设有中国特色和地区特色的社会工作服务模式和服务体系。

第九章　社会工作参与贫困地区老年人群社会支持体系构建的实践案例

一、研究背景与意义

老龄化趋势是我国目前人口变化的一个显著特征。截至2019年年末，我国人口中60岁及以上人口为25 388万人，占全国总人口的18.1%。其中，65岁及以上人口为17 603万人，占全国总人口的12.6%。与2018年年末相比，60岁及以上人口增加439万人，比重上升0.25个百分点；65岁及以上人口增加945万人，比重上升0.64个百分点。在人口老龄化的过程中，社会支持体系的建立成为一个重要的社会问题，而农村贫困老年人又是老年人中的一个脆弱群体，农村贫困老年人的需求也就成为我们必须关注的一个社会问题。

首先，农村家庭权力结构的变化导致老年人社会支持体系缺失。农村以夫妻关系为主导的核心家庭关系模式代替了以父子关系为主导的联合家庭模式，长辈在家庭中的权威性受到影响，地位受到挑战，农村老年人的边缘化以及联合家庭的消失带来的可能后果是老年人缺乏家庭支持。

其次，农村传统的经济关系、社会关系在市场经济文化的冲击下发生了改变。市场经济在提高农业生产率和农民生活水平的同时，也在改变着农村社会传统的经济关系、社会关系，经济利益正成为农村社会维系关系的关键要素，同时也改变着农村居民传统的价值观和人生观。在这样的背景下，农村人口的社会支持体系变得脆弱，传统代际关系赖以存在的价值基础逐渐弱化，一些老年人得不到传统社会中的支持与赡养，情感慰藉与精神支持更无从谈起。①

最后，农村环境中老年人的社会支持体系存在缺陷。农村环境中老年人的社会支持体系一方面存在正式支持保障力度小、覆盖范围小等问题，另一方面受传统观念的影响，部分老年人拒绝接受正式支持体系的支持。因此，贫困地区存在大量既失去了非正式社会支持，又得不到正式支持体系支持的老年人。贫困地区老年人社会支持体系的建立既是解决农村贫困问题的一个突破口，也是解决贫困地区社会问题的一个重要领域。

二、相关概念界定

（一）社会支持体系

社会支持（social support）理论产生于 20 世纪 70 年代，它最初出现在社会病原学中，用于研究心理失调的社会原因。20 世纪 80 年代，国内外学者开始广泛关注社会支持领域的研究，集中从社会互动关系、社会资源的作

① 张倩：《社会转型视角下农村老年人社会支持问题研究——基于山东省 D 村的个案调查》，载《上海城市管理》2017 年第 5 期。

用、社会行为的性质等角度来定义社会支持。从社会互动关系角度来定义社会支持,它是一种社会交换,是人与人之间的一种社会互动关系。从社会资源的作用角度来定义社会支持,它是来自社会关系的帮助、人们联系的方式以及支持网络中成员间的资源交换。从社会行为的性质角度来定义社会支持,它是一个复杂的多维体系,由主体、客体和介体等要素构成。主体是社会支持的施者;客体是社会支持的受者;介体指社会支持的内容和手段,是连接主体与客体之间的桥梁和纽带。社会支持从功能上可以分为物质支持和情感支持;从评价上可以分为有效社会支持和无效社会支持;从结构上可以分为正式社会支持和非正式社会支持。由此可见,社会支持是一个群体的内部互动、资源交换和行为关联,并借此形成在物质上、精神上的互助过程。

(二)贫困

1901年,英国经济学家朗特里(Rountree)调查研究了英国约克郡的贫困问题,他在《贫困:城镇生活研究》一书中,把贫困定义为总收入水平不足以获得仅仅维持身体正常功能所需的最低生活必需品,包括食品、房租和其他项目等。① 后来学界将此定义为绝对贫困。绝对贫困思想在20世纪70年代之前一直是主流观点。19世纪末至20世纪初是资本主义兴起的历史阶段,大量农民失去土地,学界在绝对贫困概念的基础上提出了相对贫困概念。朗西曼(Runciman)和汤森(Townsend)认为,贫困是贫穷的人们由于缺乏物质资源而被剥夺了享有常规社会生活水平和参与正常社会生活的权利。②

---

① 强薇:《中英比较下的贫困概念分析》,载《青年文学家》2013年第4期。
② 郭熙保、罗知:《论贫困概念的演进》,载《江西社会科学》2005年第11期。

这一观点丰富了贫困的本质和特征。到20世纪末，阿马蒂亚·森提出并由其他学者补充，形成了能力贫困概念，即贫困是一个人所拥有的享受自己有理由珍视的生活的可行性能力被剥夺。[①] 20世纪末到21世纪初，以罗伯特·坎珀(Robert Camper)、皮埃尔·斯特罗贝尔(Pierre Strobel)为代表的经济学家把脆弱性、无话语权、社会排斥引入贫困概念，从权利剥夺的角度研究贫困，他们认为贫困不仅仅是缺乏物质资源和发展能力低下，更为根本的是面临冲击、压力、风险时孤立无援，缺乏保护自己的手段，只能接受自己不喜欢的生活境遇。[②] 由此可见，完整的贫困概念，是社会个体缺乏维系基本的生存物质的绝对贫困状态，或者是被剥夺了参与正常社会生活的权利，以及在社会风险中孤立无援、缺乏自我保护的手段，被迫接受自己不想要的生活状态的相对贫困状态。

三、研究文献综述

(一) 老年人社会支持体系的特点与影响因素

1. 老年人社会支持体系水平与变化

徐志坚等针对2000—2017年中国60岁以上老年人社会支持状况的研究发现，我国60岁以上老年人的社会支持、主观支持、客观支持、支持利用度各维度得分以及社会支持总分相对较低[③]；辛素飞等针对1996—2015年中

① [印度] 阿马蒂亚·森:《以自由看待发展》，任赜、于真译，中国人民大学出版社2013年版，第85页。

② 李小虎:《自由视角中贫困的本质》，载《佳木斯大学社会科学学报》2019年第1期。

③ 徐志坚、周玉升、于琨等:《2000至2017年中国60岁以上老年人社会支持状况及其影响因素的Meta分析》，载《中华健康管理学杂志》2018年第3期。

国老年人社会支持进行横断历史研究后认为，1996—2015 年我国老年人的社会支持水平整体呈逐年下降趋势①；张风等认为，农村老年人的社会支持具有衍生性、变动性的特点，由独生子女所引发的农村地区空巢危机、空巢老人逐渐趋于年轻化、老年人在获取社会支持过程中存在性别差异等，导致农村老年人的社会支持体系出现更多的危机②。

农村老年人可获得的客观社会支持有限。农村社区为老服务整体上是空白的。新型农村合作医疗对农村老年人的保障程度较低，农村老年人的疾病经济负担沉重。农村老年人的机构照护资源匮乏，除乡镇敬老院外，养老和护理机构都很缺乏。乡镇敬老院覆盖面窄、收养对象有限、服务水平较低。农村老年人机构养老的意识薄弱，且大部分老年人收入低，对机构养老的支付能力不足。农村老年人的正式支持，如养老金、最低生活保障金、高龄津贴等可能会受制于村委会的执行力。村委会掌握了国家下发的资源的相关信息，但部分村委会对于诸如低保户评选标准、高龄津贴的发放数额和时间等相关制度不进行明确的说明和公示，导致部分农村老年人的经济来源得不到有效保障。在非正式支持方面，家庭对于农村老年人的支持度逐渐下降。在当下的农村社会中，子女对于老人的经济支持、物质支持的强度都出现了不同程度的下降。

农村老年服务设施缺乏。丁华的调查研究发现：城镇居委会中有老年活动场所或老年服务机构的有 79.5%，农村村委会中的此项比例为 35%；近

① 辛素飞、岳阳明、辛自强等：《1996 至 2015 年中国老年人社会支持的变迁：一项横断历史研究》，载《心理发展与教育》2018 年第 6 期。

② 张风、李宗华：《关于老年人社会支持研究的综述》，载《山东省农业管理干部学院学报》2011 年第 4 期。

60%的农村社区没有专职社工，在设置专职社工的农村社区，大部分社工主要从事社区的助困扶困工作和社区日常工作，尚未成为老年人的社会支持来源，农村社区缺乏老年人精神慰藉和活动组织方面的内容。① 在一些设置了老年服务设施的农村社区，其服务设施也往往有名无实，仅修建了场所，挂了牌子，承诺了服务内容，但未实际运行。这说明农村社区服务层次尚存在欠缺，养老功能不强；社会支持服务人员缺乏，专业化程度不高。养老护理服务人员欠缺是农村社区普遍存在的问题，老年人的社会支持体系以低层次的物质生活满足为主，老年人的社会需要和精神需要较少受到关注，这影响了农村老年人的生活质量。②

农村文化娱乐活动和设施不多。农村空巢状况使原有的一些节庆娱乐活动也不再开展，留守老人的精神文化需求很难得到满足。农村留守老人的精神世界比较空虚，心理上显得孤独无助。③

2. 老年人社会支持体系影响因素分析

高龄、无配偶、独居、患慢性病的老年人是生活自理能力易丧失的高危人群，也是农村环境中更弱势的群体。④ 年龄因素的研究结果显示，年龄和社会支持呈负相关，即随着年龄的增长其社会支持的得分呈下降趋势。⑤ 在城镇化

① 丁华：《老年人社会支持网络——基于 2010 年“中国家庭追踪调查”数据》，载《中国老年学杂志》2015 年第 2 期。

② 赵桂英：《加强衡水市农村互助养老建设的思考》，载《劳动保障世界》2017 年第 32 期。

③ 唐踔：《构建农村留守老人社会支持体系研究》，载《河北青年管理干部学院学报》2014 年第 4 期。

④ 高利平：《农村失能老人照护方式及社会支持研究》，载《人口与发展》2015 年第 4 期。

⑤ 仝慧娟、李欣、孙晓菲：《沈阳市城乡老年人社会支持现状及其影响因素分析》，载《中国老年保健医学》2018 年第 2 期。

进程中，农村老年人的社会支持受到年龄、受教育程度、经济状况、有无养老保障、做决定时子女的支持情况等因素的影响。① 随着年龄的增长，老年人的社会支持网络在缩小，由社会人群支持网络变为亲属支持网络；躯体化导致老年人社交圈内的社会支持互换存在屏障。在婚状态老年人的社会支持总分与主观支持得分明显高于未婚状态老年人，婚姻能够促进社会支持。②由此可见，老年人的经济状况、年龄、婚姻状况、健康水平、受教育程度等因素是其社会支持水平的重要影响因素。有积极心态的老年人能够具备良好的领悟社会支持的能力，拥有更好的人际关系和更多的安全感，在生活中更容易感受到舒适与愉悦。

在地区差异方面，辛素飞等认为东部地区老年人的主观支持因子与年代呈显著正相关，其他地区老年人的社会支持总分、客观支持和对支持的利用度因子均与年代呈显著负相关。③ 农村老年人的社会支持更多地依赖家庭成员，夫妻之间的相互照料起着主要的作用，而依靠子女（包括孙辈）的照料比例很低。④

老年人的社会支持状况较明显地受到时空因素的影响，家庭距离、交往时间均对老年人的社会支持强度有影响。老年人的社会支持依然源于熟人社会，亲属可能在老年人社会支持网络中扮演主要角色，但这也可能导致老

① 刘林林、秦建君、曲海英：《城镇化进程中农村老年人社会支持及影响因素》，载《中国健康心理学杂志》2016 年第 8 期。

② 白宝鑫、黄照权、石武祥等：《广西毛南族农村老年人社会支持现状及其影响因素》，载《中国老年学杂志》2019 年第 17 期。

③ 辛素飞、岳阳明、辛自强等：《1996 至 2015 年中国老年人社会支持的变迁：一项横断历史研究》，载《心理发展与教育》2018 年第 6 期。

④ 唐踔：《构建农村留守老人社会支持体系研究》，载《河北青年管理干部学院学报》2014 年第 4 期。

年人的社会支持来源单一。①

(二) 老年人社会支持体系的作用

老年人与社会支持体系之间良好的互动关系对老年人身心健康具有积极作用。能够为家人提供生活或经济上的支持和帮助以及精神上的支持和关心,能够在朋友或其他人需要时给予精神上的支持和关心是老年人精神健康的保护因素。② 正式的社会支持对农村老年人应对压力事件具有缓冲作用。社会支持对生活满意度有直接作用,其中陪伴与关爱的支持作用最大。农村老年人的社会支持与其主观幸福感呈显著正相关。③

老年人的社会支持体系与老年人的心理健康水平具有交互作用。抑郁程度越高的老年人,其社会支持总分、客观支持得分、主观支持得分和对支持的利用度的得分也越低,社会支持得分较低的老年人患抑郁症的风险越高。良好的社会支持对预防老年人抑郁有积极的作用。④

在老年人社会支持的利用率方面,贾君杰等的研究认为社会支持与农村老年人的健康之间存在"马太效应",尤其是社会支持利用率的下降会影响老年人的身心健康。⑤

---

① 潘超平、郝晓宁、刘增法等:《北京市老年人社会支持网络的时空分布》,载《中国老年学杂志》2019 年第 5 期。

② 白涛、武丽、姜雪锦等:《农村地区老年人社会支持与抑郁关系》,载《中国公共卫生》2012 年第 8 期。

③ 刁春婷、孙锋丹、洪建中:《经济收入和居住方式在农村老年人社会支持与主观幸福感关系中的调节作用》,载《老龄科学研究》2017 年第 11 期。

④ 杨家甜、马国玉、申静蓉等:《云南省宜良县农村老年人社会支持与抑郁的关系》,载《昆明医科大学学报》2019 年第 6 期。

⑤ 贾君杰、郭继志、李敏等:《山东省农村老年人社会支持状况及其影响因素分析》,载《中国医学伦理学》2017 年第 6 期。

领悟社会支持能力的提升有助于老年人感受到更多他人的支持和帮助，增加积极情绪体验，抑制消极情绪，提升老年人的主观幸福感。研究表明，社会支持中的家庭支持对一般老化态度没有起到明显的作用，朋友支持对一般老化态度起到积极、正向的作用。① 老化态度是指个体对“年老”的看法。我们可以将积极的老化态度视为老年人心理健康的一种表现，那些感觉自己还未老，认为年老给自己带来的积极影响多于消极影响的老年人的心理健康状况更好。②

（三）建立并完善农村老年人社会支持体系

对于如何提高农村老年人的社会支持水平，目前学界有以下对策建议。

（1）在制度建设方面，通过制度建设引导不同代际成员间加强联络，如建立完善的探亲制度③、加强政策支持与制度安排、构建长期照护服务体系、提供福利与救济或补贴、进行宣传与引导等；建立并完善农村养老在照护主体社会化、照护资金筹措社会化、照护服务队伍社会化等方面的制度。④

（2）完善农村的公共服务体系。例如，降低留守老人的劳动强度；建立托儿所，减轻留守老人看护孙辈的负担；建立养老机构，为生活自理能力不足的留守老人提供生活照料服务；建立老年活动室，丰富老年人的精神生

① 冀云、李进伟：《农村隔代居住老年人现状与养老规划的调查研究》，载《调研世界》2017 年第 5 期。

② 唐丹：《城乡因素在老年人抑郁症状影响模型中的调节效应》，载《人口研究》2010 年第 3 期。

③ 潘超平、郝晓宁、刘增法等：《北京市老年人社会支持网络的时空分布》，载《中国老年学杂志》2019 年第 5 期。

④ 高利平：《农村失能老人照护方式及社会支持研究》，载《人口与发展》2015 年第 4 期。

活；成立村级老年人健康服务站，开通专门的热线电话，为老年人提供咨询服务，解决老年人健康方面的疑难问题；发挥农村社区中养老院等机构的作用，深入挖掘社区资源，整合利用村集体闲置土地、校舍或仓库开办村级养老院，进一步促进家庭养老的社会化；充分发挥亲戚和邻居对留守老人的帮扶作用。①

（3）探索“互联网＋养老服务”新模式，推动新的智能化养老模式，建设智能化养老服务平台，为老年人提供生活照料、健康管理、康复护理、精神慰藉等多样化的服务内容，让现代技术造福农村留守老人。②

（4）探索建立农村老年人社会支持体系的专业方法体系。社区可利用奥马哈干预系统，从健康教育、治疗规程、个案管理、监督四个方面对老年人进行干预。例如，在治疗规程方面，可通过在社区举办各种活动，鼓励老年人走出家庭，并与周围人交往，从而增加老年人的社会活动；进行家访等，鼓励与帮助想外出却无法外出的老年人参与社区活动，帮助其家庭制订外出活动计划等。在个案管理方面，可为存在孤僻、抑郁等心理问题的老年人提供心理疏导等服务，并且在整个服务过程里进行监督与记录。③ 该方法体系对建立或改善农村老年人的社会支持体系具有良好效果。

（四）对已有研究的评述

对已有研究进行梳理可以发现，老年人社会支持体系的特点与影响因

① 唐踔：《构建农村留守老人社会支持体系研究》，载《河北青年管理干部学院学报》2014 年第 4 期。

② 赵桂英：《加强衡水市农村互助养老建设的思考》，载《中共衡水市委党校》2017 年第 32 期。

③ 刘俊娥、宋玉钰、邢凤等：《奥马哈系统干预对居家不出老年人日常生活活动能力和生活质量的影响》，载《中国老年学杂志》2017 年第 6 期。

素研究是学者们研究的主体，学者们也已形成对农村老年人社会支持体系特点的共识，这说明农村老年人生活环境的脆弱性已经引起了社会研究的关注；在影响因素方面，对农村整个环境系统中的大部分要素及其影响机制的研究较多，许多研究将其与城市环境中老年人的社会支持体系进行了对比，突出了农村环境的独特性，所形成的结论具有重要的实践意义。

在老年人社会支持体系的功能研究方面，已有研究形成了社会支持体系对于老年人心理健康、社会互动能力等具有价值的研究结论，并且也注意到了社会支持体系质量与老年人心理健康的交互性关系，充分体现了提高老年人社会支持体系水平的社会意义。

在如何构建农村老年人社会支持体系的途径与方法方面，已有研究所提出的多为宏观性的方法，基本是从改善社会系统的角度进行研究的，缺乏微观操作性研究和社会工作专业方法体系的运用研究。因此，已有研究的最大不足就是没有在成熟的影响因素研究与功能研究基础上构建改善农村老年人社会支持体系的社会工作实践方法，无法实现农村老年人生活境遇的精准化改善。

四、贫困与社会支持体系关系论证

（一）贫困与社会支持体系

1. 贫困原因分析

从我国以往的贫困区域看，导致贫困的因素主要包括如下方面。

(1) 历史因素。人口基数大，但生产力落后，导致生产效率相对较低，人们生活质量的提升速度较慢。

(2) 自然因素。从我国以往贫困人口的分布可以看出,边远地区、山区、革命老区贫困人口所占比重较大。

(3) 家庭与个人因素。资料显示,我国贫困家庭大多是残疾人家庭、重病家庭,由于农村社会保障机制不够完善,因而这些家庭无法走出贫困。

(4) 区域差异因素。贫困人口的分布情况与区域经济发展的总体水平紧密联系。区域性差异与贫困的关系可以通过交易效率来解释。杨小凯和博兰(Y-B)模型指出,只有当专业化生产达到某种程度时,经济增长才能提速,而分工、专业化生产的演进速度则与交易效率有关,交易效率越高,分工、专业化生产的演进速度就会越快。对欠发达地区的经济来说,硬件条件和软件条件的限制导致交易效率低下,阻碍了当地分工和专业化生产的发展,从而导致欠发达地区经济发展滞后,形成了一种恶性循环。

(5) 贫困文化因素。在贫困文化的影响下,部分贫困户形成了一种对贫困的适应状态,一种被动和消极回应贫困的生活态度,一种习惯于贫穷、失去欲望和潜能的心理现象和价值观念。例如,不以贫困为耻,反以贫困为荣就是部分贫困户在贫困文化的影响下形成的一种心态。

2. 社会支持体系与扶贫

在大量的物质投入之后,有些地区的贫困现象依旧突出,贫困人口的内生动力无法形成,由此反映出消除贫困的最大障碍是心理因素,即对在贫困文化中形成的心态的改变。贫困文化理论是由美国人类学家奥斯卡·刘易斯(Oscar Lewis)提出的。该理论认为,贫困文化是在穷人阶层中形成的自成一体、相对稳固恒久并世代传承的亚文化,表现为强烈的宿命感、无助感和自卑感，目光短浅、缺乏远见地生活于贫困状态，甚至形成了懒于工作、依赖福利的习惯，这种文化对整个穷人阶层产生明显的社会和心理影响。

贫困地区人口的社会支持体系呈现两种状态：一方面，原有社会支持体系在贫困文化中发挥着延续贫困文化影响力的作用；另一方面，个体积极的社会支持体系严重不足，随着人口的外流或彼此社会关系的松懈，个体陷入孤立状态。

因此，对社会支持体系的干预是社会工作参与扶贫的一个重要切入口，一方面需要从根本上改变贫困文化的社会支持体系力量，另一方面需要帮助贫困地区人口构建良性的社会支持体系。贫困地区正式的社会支持体系不完善，对贫困人口发挥的作用也有限。对个体来说，更多的有效支持仍旧来自非正式的社会支持体系，如在失地再就业的过程中个体的社会人脉就发挥了强大的作用。因此，构建与干预贫困人口的非正式社会支持体系可以作为社会工作参与扶贫的核心任务，其能有效推动贫困文化的改变，增强以精神扶贫去催化其他扶贫手段的有效性。

（二）贫困人口社会支持体系的功能

1. 贫困人口社会支持体系的特点

假如将社会支持体系视为一种资源交换的话，它应该包括资源的输出主体、资源的接收主体、资源的质量和资源的给予方式。贫困地区人口的社会支持体系呈现以下特点。

（1）资源的输出主体形式比较有限，以个体人际网络为主，人际网络的质量决定了个体社会支持网络的可利用性与有效性。

（2）资源的输出主体与资源的接收主体可能都处于一种贫困文化中，资源的交换实质上是一种负面的影响和压力，可能是因为贫困降低了人们承担风险的意愿，人们不愿放弃目前的收入以寻求有可能较高的未来收入，对环境有强烈的无助感。

（3）资源的给予方式以偶然性和随机性为特点，支持体系非常脆弱。随着贫困地区人口结构和社会体系的松散化，原有的传统社会支持体系不复存在，乡村原有的功能被打破，甚至家庭体系都被打破了，留守老人、留守儿童等大量存在。贫困人口得不到高质量的非正式社会支持。

（4）正式的社会支持体系可能不完善或不符合需求，因此大量贫困人口处于孤立状态。例如，某贫困地区有一位80岁的老人以捡垃圾为生，他因有儿女而不能进入养老院，但是他的儿女没有发挥对他的社会支持作用。

2. 贫困人口社会支持体系的作用

在扶贫中突出贫困人口的社会支持体系重构与功能恢复有以下作用。

（1）重构贫困人口的社会支持体系是推动贫困文化改变、实现精神扶贫的基础。贫困文化的存在是一些地区扶贫效果难以呈现的主要原因，不健全的社会支持体系让贫困成为一些地区贫困人口心理上的固定模式，使他们缺乏改变的动力，形成了对贫困的一种适应。这样的状态源于社会支持体系中的文化共鸣，因此只有重构社会支持体系才能形成新的群体互动模式，让新的文化共鸣发挥作用，真正实现精神扶贫的目的。

（2）重构贫困人口的社会支持体系是恢复乡村社会功能、实现经济发展的条件。贫困人口的社会支持体系具有脆弱性、病态性和失效性，这导致大量扶贫措施效果减弱甚至失效。这都源于贫困地区社会支持体系的失调，缺乏良性的人际互动和团体力量，经济扶贫资源发挥不了作用，因此只有重构贫困地区的社会支持体系才能保证经济扶贫事半功倍。

（3）重构贫困人口社会支持体系是实现扶贫长效机制的有效途径。贫困地区内生动力的不足是扶贫机制落地生根的主要阻力，同时，外来扶贫资源和贫困地区自身“等、靠、要”思想并存。虽然贫困地区在外来资源的强势介入和推动下，可以迅速实现脱贫，但一旦外来的扶贫资源投入弱化，已脱贫的人口就可能以一定概率返贫。因此，需要重构贫困地区人口的社会支持体系并将其与本地的优势资源进行整合，以更好地承接外来资源，在外来资源的扶持下形成自己的体系与内生动力，从而保证外来扶贫资源所带来的效应的稳定性。

五、贫困人口社会支持体系构建实践路径

（一）社区营造与实践

贫困地区应通过社区营造充分调动并整合社区资源，以重新启动社区的体系与功能。可行的方案是以自然村为单元进行干预。现有村落的一些状况已经使部分农村社区丧失了原有的体系与功能，如人口流失带来的人口结构失衡、系统内缺乏支撑与功能结构、家庭成员之间关系疏离等问题。有学者提出，社区营造可使现有社区居民共同参与建立一种友爱、长效的互助机制，实现社区与居民的共同发展，实现贫困地区有限资源的共享，发挥有限资源的最大效用，使居民之间建立起紧密合作的人际网络，充分发挥居民互助的先天的优势。

（二）群体干预与实践

对贫困地区人口的干预可以借助小组社会工作的方法。小组社会工作方法借助功能性团体的形成与动力来实现个体的转变或社会任务的完成。小组社会工作方法有助于提升个体的社会适应能力和社会融合能力，建立新的个体行为体系，构建个体的社会支持体系。小组社会工作方法是借助于系统的构建以及系统的推动力来发挥作用的，因此小组的形成是一个自主、内在的系统过程，后期不需要外部推动力去维系。在实践中有学者研究发现，通过在小组中使用新的文化共识逐步替代贫困人口原有的贫困文化共识，可以改变个体的心理与行为模式，使个体与群体形成脱贫的内在动力。

（三）家庭干预与实践

家庭社会工作是指社工应用社会工作的原则与方法以及自身与社会的资源，为家庭提供服务与治疗，从而改善家庭成员之间的关系、增强家庭的功能、解决家庭存在的问题。贫困地区的家庭受整个社会系统状况的影响，在经济、情感功能和教育功能上都存在缺失，留守老人、留守儿童、夫妻关系恶化以及因病致贫等状况大量存在。贫困家庭是社会系统薄弱最直接的表现和承受体，也是脱贫问题最微观、最直接的一个层面。直接的物质支持并不能让贫困家庭真正脱贫，还需要在大环境的资源支持下进行类化的个别处理。家庭干预也可以被纳入社区干预和小组干预方法中，如构建社区系统以影响一个或多个类似家庭的文化、规则、资源获得方式等，或者将多个家庭组建为小组以形成相互的支持体系，或者通过小组互动完成对家庭内部功能的修复，等等。

六、推动贫困人口构建社会支持体系案例

（一）案例背景

为了落实党的十九大精神，贯彻《民政部 财政部 国务院扶贫办关于支持社会工作专业力量参与脱贫攻坚的指导意见》中提出的“实施社会工作教育对口扶贫计划”要求，高校社会工作专业师生深入贫困地区，运用专业知识开展精准扶贫。在“中国社会工作教育百校对口扶贫计划”实施过程中，云南财经大学财政与公共管理学院社会工作专业共有 6 名专业教师和 15 名专业本科生参与对口扶贫工作。本章从中选取了小组工作方法加以论述。

（二）项目实施地点的选择

出于对交通成本和可操作性的考虑，本次项目实施地点选在了距离云南昆明 109 千米的贫困县禄劝县①团街镇。团街镇地处禄劝县北部，距县城 27 千米，是禄劝县域的中心腹地，土地面积为 192.4 平方千米，耕地总面积 5.8 万亩，以乡村旅游资源开发、务工、种植养殖为主要经济来源，农民年人均纯收入为 15 673 元。全镇辖 8 个村民委员会、153 个村民小组、6 400 户、总人口 26 217 人；居住着汉族、彝族、苗族、傈僳族等 24 个民族，少数民族人口为 8 966 人，占总人口的 34%。截至 2018 年 8 月，全镇共有建档立卡贫困户 512 户，共 1 606 人（其中原建档立卡贫困户 180 户，共 617 人）。2014—2015 年，脱贫 124 户，共 450 人；新识别建档立卡贫困户 332 户，共 1 011 人；未脱贫户 388 户，共 1 174 人；脱贫返贫户 2 户，共 6 人；到本项目实施时尚有建档立卡贫困户 490 户，共 1 180 人。

① 2019 年 2 月禄劝县 115 个贫困村全部实现脱贫。

（三）项目实施对象的特点与需求评估

结合脱贫攻坚工作，团街镇党委政府积极动员村民外出务工增收，村内青壮年劳动力外出务工人数不断增加，导致留守老人、留守儿童人数不断增加，根据统计数据，运昌村有留守老人 52 名、留守儿童 99 名，是全镇留守人员最多的村。因此，本次扶贫实践在微观服务层面选择了留守老人和留守儿童。此次扶贫实践时间较短，缺乏更系统的扶贫实践过程，因而仅以小组工作方法在贫困人口中发挥的作用为研究案例，体现社会工作参与扶贫的优势与效果。由于人力资源不足，本次老年人服务选择了当地敬老院中的 36 位老年人作为服务对象。

禄劝县团街镇敬老院于 1997 年建成，总面积为 781.65 平方米，是团街镇五保户的医养结合点。敬老院内建筑设施老化，老年人活动场所较小，院舍由两栋两层楼的房屋和一个院落构成。敬老院床位数为 60 张，入住人数为 36 人，都是农村五保户。敬老院共有 4 名工作人员，包括院长、护工、卫生员。工作人员与老年人的人数比为 1∶9，严重不合理。护工缺乏护理和心理疏导等方面的基本知识，服务以老年人的日常饮食照顾为主。

通过沟通了解与观察，项目社工发现院内入住老年人的情况十分复杂，其中年龄最大的老年人有 90 岁，盲人 2 名、肢体残疾者 3 名、精神障碍者 1 名，其他老年人在听力、行动、表达能力等方面或多或少存在一些问题。这些老年人平时除了看电视之外基本没有其他娱乐活动，也没有群体性活动，老年人之间的互动和联系很少，不同小群体之间相对隔离。项目社工评估发现，院内老年人普遍存在以下特点。

（1）人格发展存在障碍。敬老院中大多数老年人心态较消极，有的甚至对生活失去信心。同时，由于传统思维比较固化，他们对于入住敬老院有排斥心理；由于年龄的不断增长，无力感不断增加，缺乏构建新的社会支持体系的动力。

(2) 生态系统与社会支持系统失调。敬老院内多数为孤寡老人、五保户，他们没有亲人的关注、安慰与陪伴，家庭生态系统失调。敬老院内的生活虽为集体生活，但因为院内工作人员缺乏意识，没有推动形成院内老年人的社会支持体系，所以老年人之间互动不足，互动的范围较狭窄。每位老年人实际上是孤立的，同时还因为文化意识的不同存在个别老年人被排斥的情况。

(3) 敬老院的条件能够让老年人保留一部分农耕生活方式，这有利于老年人生活功能的保留，减缓身体机能的退化。

综上所述，敬老院内的老年人在构建社会支持体系方面有以下几个需求：一是通过提高自我悦纳程度与自我认同度，形成寻求并获得社会支持体系的能动性；二是在生活环境中形成情感支持体系，以获得关怀与陪伴，减少孤独感与无助感；三是融入现有环境，得到接纳与认同，获得价值感与尊严感。

(四) 服务方案理论假设与设计理念

1. 生态系统理论

生态系统理论强调的是环境对人的影响，个体社会化历程的环境因素能够促使个体形成对社会事件的看法、对自己的看法、对社会刺激的反应模式，所以，环境对个体适应社会的行为与能力具有重要的影响。敬老院中的老年人在农耕环境以及自身所处的民族文化中形成了具有个体化特征的生活认知与行为模式，对家庭的依赖度与认同度较高。同时，他们在入住敬老院的同时失去了原来赖以生存的土地，这给他们带来了极大的心理伤害。这部分老年人难以接受社会化模式的养老生活，有被抛弃的感觉。

2. 社会支持系统理论

社会支持是指个体所生存的社区对个体提供具体的帮助和支持，并通过这些帮助和支持使个体恢复社会功能。如果个体难以在自己生存的环境中得到支持，其就会产生失落感、自卑感和孤独感，这对其生活与发展会产生负面影响。敬老院功能不完善，更多的是对老年人生理需求的满足，缺乏对老年人心理需求的关注与专业化服务。由于敬老院内的老年人多数已失去了家庭支持体系，因此尤其需要在院内形成老年人的社会支持体系。

3. 优势视角理论

优势视角是一种关注人的内在力量和优势资源的视角，意味着应当把人及其环境中的优势和资源作为社会工作助人过程中所关注的焦点，而非关注其问题和病理。敬老院内的老年人所需要的心理支持不能够单独依赖外部，而是需要充分提高院内资源的利用率，充分考虑院内的人员资源、环境资源，改善不良的互动体系，构建与老年人院内生活相匹配的人际关系。

4. 符号互动理论

布鲁默(Blumer)认为，个人对事物采取什么样的行为，是根据其赋予事物的意义而产生的，并且这个意义不是固定的，可以通过解释过程不断修正和发展。敬老院内的老年人有的处于高龄阶段,有的存在听力、行动能力残障,更多老年人在听力、行动、表达能力等方面或多或少存在个体化问题。提高老年人对交际符号的理解,可以打破他们彼此交流互动的壁垒。例如,在小组活动中有意识地设计互动环节,以打破老年人之间日常交流互动的固态,增加他们交流互动的频次,使他们理解人际互动当中的不同“符号”。

(五)服务方案实施过程简述

从上述几个方面来看,敬老院内的老年人在生活中由于前期人生阶段受到挫折和打击,自我认同度较低,因家庭生态系统失调而产生孤独感,后期在敬老院内又没有获得良好的社会支持,因此项目社工以提高老年人的自我悦纳程度和帮助老年人建立互助支持系统为工作重点,最终引导创造一个互助、和谐的养老环境。

本次服务在敬老院中共开展了六次小组活动,并且选择了两位老年人作为个案服务对象。六次小组活动的内容如下(见表9-1):

(1)第一次活动——小组构建。推动小组形成,促进组员间的互动与联系,确保组员了解小组的规则与期望。

(2)第二次活动——老年人健康知识宣讲。与组员交流分享老年人的健康知识,同时帮助老年人积极面对自己的生理退化。

(3)第三次活动——“昨日重现”。向老年人展示一些老照片,鼓励他们分享自己的生活经历,形成普遍的互动与交流,加强他们之间的联系。

(4)第四次活动——团结协作。加强组员之间的联系,提升相互协作的能力,同时增强他们对养老院的认同感。

(5)第五次活动——符号互动,和谐共处。增强组员的互动能力,打破文化差异及肢体残障所带来的沟通障碍,促进相互之间的符号理解,打破原有小群体,拓宽人际圈。

(6) 第六次活动——“快乐离别,展望未来”。结束小组活动,对小组前几次活动进行回顾,对组员的离别情绪进行安抚,对其新行为进行巩固。

表 9-1 老年人小组活动计划

次序	活动主题	目 的	活动内容与时间安排	备 注
第一次活动	小组构建	推动小组形成,促进组员间的简单互动,确保组员了解整个小组的规则与期望	(1) 社工先做简单的自我介绍:讲述成立这个小组的目的及活动的内容、小组规则 (2) “认识我”:通过击鼓传花的形式,每个组员花 1～2 分钟向其他组员介绍自己(兴趣、爱好、特征等) (3) “我想对你说”:社工给组员编号,并将编号写在小纸片上,让组员抽签选择搭档,每个人向对方说出自己的优点,并举例子	小组活动前,与个别老年人进行交流,以增进关系
第二次活动	老年人健康知识宣讲	与组员交流分享有关老年人的健康知识,同时帮助老年人积极面对自己的生理退化	(1) 健康知识分享:向老年人介绍一些关于健康保健的知识(20 分钟) (2) 手指操。第一种:将小指向内折弯,再向后拨,做屈伸运动 10 次;第二种:用拇指及食指抓住另一只手的小指基部正中,揉捏 10 次;第三种:将小指按压在桌面上,用手反复刺激;第四种:双手十指交叉用力相握,然后突然猛力拉开;第五种:刺激手心,每次捏掐 20 次(20 分钟) (3) 健康知识问答:询问组员健康状况,与组员交流健康知识(20 分钟) (4) 总结:总结本次活动目标的达成情况、组员们的状态以及下次活动的内容(5 分钟)	小组活动前,与个别老年人进行交流,促进关系,注意顾及有残障的老年人

续 表

次序	活动主题	目 的	活动内容与时间安排	备 注
第三次活动	“昨日重现”	通过回顾人生的方式让老年人对自己以前的生活进行回顾；通过小组的形式让老年人展开交流，加强他们之间的联系	(1) 热身：复习上一次活动中教的手指操(10分钟) (2) 往事回顾：通过展示一些老照片来推动老年人分享自己的生活经历，形成普遍的交流互动(30分钟) (3) 颈椎操：头颈后仰，复原放松，再前屈，复原；头颈左转，复原放松，再右转，复原；头颈左倾，复原放松，再右倾，复原(15分钟) (4) 总结：社工总结本次活动，组员有没有说完的话可以留到下次活动再说，鼓励组员在其他时间一起唱歌、聊天(5分钟)	
第四次活动	团结协作	加强组员之间的联系与协作能力，同时增强他们对敬老院的认同感	(1) 做手指操热身(5分钟) (2) 折纸菠萝：社工先把折好的一部分向组员展示，然后教组员折纸，最后大家一起拼纸菠萝(25分钟) (3) 唱红歌：社工教组员唱红歌(20分钟) (4) 养老信息分享：社工向组员分享一些养老信息，向组员讲解在敬老院养老的一些好处(15分钟) (5) 总结：总结本次活动，反馈活动成果	(1) 事先叠一个纸菠萝并向组员展示 (2) 准备一些有关养老的图片，以便组员更容易理解

续　表

次序	活动主题	目　的	活动内容与时间安排	备　注
第五次活动	符号互动，和谐共处	增强组员的互动能力，打破文化差异及肢体残障所带来的沟通障碍，促进相互之间的符号理解，打破原有小群体，拓宽人际圈	(1) 热身活动：组员围成一圈，闭上眼睛，侧过身体，后面的组员为前面的组员捶背和捏肩(5 分钟)；复习手指操(5 分钟) (2) 叠纸牌：给每个小组一些纸牌，组员可以通过各种形式把纸牌向高处叠，叠得最高者获得的奖励也就最大(15 分钟) (3)“你做我猜”：将组员分为两个小组，每个组员用自己习惯的方式发出信息，由其他组员来解释，相互交替进行，直到轮完所有组员(30 分钟) (4)“手掌树”：社工事先准备一张白纸，在白纸上画上树干，邀请一名组员把自己的手掌放在树干上，其他组员用彩笔帮他在纸上描绘手掌，最后形成一棵“手掌树”(15 分钟) (5) 总结：总结本次活动并反馈活动成果，告知组员小组活动即将结束，安抚好组员的情绪(5 分钟)	准备纸牌以及白纸
第六次活动	“快乐离别，展望未来”	结束小组活动，对小组前几次活动进行回顾，对组员的离别情绪进行安抚，巩固其新行为	(1) 回顾：社工先把每次活动的照片冲洗好并发给组员留作纪念；说明本次活动为最后一次活动，主要以联谊的形式展开(5 分钟) (2) 组员展示：给每人 3～4 分钟的表演时间，大家可以通过唱歌、讲故事、做健康操等形式展示自己的才艺(30 分钟) (3) 未来展望。小组带领者给出 3 个问题：① 你希望敬老院能够有哪些改善？② 你将如何在这里更快乐地生活？③ 你有哪些爱好将要发展？组员之间相互交流分享，并相互监督，共同成长(110 分钟) (4) 感想与收获：组员轮流分享在这几次活动中的感想与收获，以及对自己的期望(15 分钟)	

整个小组活动过程中都持续贯穿了手指操以及肢体性的活动环节，这有助于增强老年人对小组的归属感，打破彼此之间的隔阂。在小组活动结束后，为了保证敬老院内人际互动的持续性，项目社工还为敬老院购置了协作性互动的健身器材。

（六）小组评估

因为本次服务中没有设计问卷或量表等量化测评工具，所以项目社工在服务中综合运用了目标达成评估法与诠释性评估法①。目标达成评估法即通过对服务对象的特定行为进行观察与记录，评估干预过程对目标行为的改变或所发挥的作用；诠释性评估法即通过参与式观察和个体访谈了解服务对象在干预过程前、干预过程中、干预过程后整体意识、行为改变的逻辑关系，进而解释并评估干预过程的科学性与有效性。评估内容包括三个方面，即小组活动开展过程中的小组动力评估、项目社工服务过程中的服务能力评估和服务对象的转变状况评估。

1. 小组动力评估

（1）项目社工在准备期发现，敬老院内老年人的情况较复杂：高龄老人较多，他们在表达和行动方面存在一定的障碍；有 2 名盲人、3 名肢体残疾者、1 名精神障碍者，其他老年人或多或少有听力、行动、表达方面的障碍；老年人的文化水平较低，不能开展文字类的活动和游戏。针对这种情况，项目社工适当地对活动内容进行了修改。

（2）在小组活动初期，由于老年人以前从未参加过类似活动，对小组活动有一定的兴趣和好奇心理，因此项目社工将 12 人固定小组改为开放式小

① 赵芳：《小组社会工作：理论与技术》，华东理工大学出版 2015 年版，第 213—214 页。

组，让更多的老年人参与到活动中来。在小组活动初期，由于部分社工来自省外，对当地方言不是十分熟悉，也不太了解老人们的特殊性，于是项目组及时调整分组情况，由一名主要带领者负责整个小组活动的安排，其他社工在分好的小组内带领组员开展活动。

(3) 在小组活动转换期，大多数组员还是比较保守的，他们认为自己文化水平低，不善言辞，社工及时给予他们积极的鼓励，让他们主动表达自己的看法和意见。这在第三次小组活动"昨日重现"中表现得十分明显。一开始组员们都不愿意讲述自己过去的事，随着社工用一些老照片进行引导，并对活跃的组员进行鼓励，有了活跃组员的示范，其他组员也开始进行往事回顾。在活动过程中，由于一些组员说得过多，活动在某种程度上变成了个案的形式。虽然活动开展得比较缓慢，但是活动的目标算是达到了。

(4) 在小组活动中期，组员们缺乏自主组织能力和理解能力，项目社工一直处于小组的中心地位，因此，项目社工在小组活动中发掘了几个小组任务角色，在他们的帮助下，小组活动顺利完成。在第四和第五次活动中，这几个组员在积极参加活动的同时还帮助其他组员一起完成活动。例如，在第四次活动的"叠菠萝"环节中，这些积极的组员会帮助其他组员一起折纸，小组活动因此进行得比较顺利。由于在前面的活动中组员们建立了一定的联系，在第四、第五次活动中，组员们表现得十分友爱，在活动开始前会去积极主动地一起搬桌子，参加活动时也会相互邀约，许多组员在手指操环节会相互指导动作，表现得十分和谐。由此可见，在小组活动中期，组员之间的互助行为已经产生，一个互助的支持系统建立起来了。

(5) 在小组活动后期，组员对小组活动更加投入，对参与小组活动充满了热情，组员之间的交流也更加顺畅，以前的小群体也在逐渐扩大，组员之间的关系更加紧密。但存在的问题是，这些组员的巨大改变在小组活动结束后能否维持下去？

2. 社工服务能力评估

(1) 承担本次服务的社工为社会工作专业本科大三、大四的学生，大四学生相对于大三学生而言，掌握的基本社会工作专业知识与技能要多一些，并且也参加过一些社会工作服务实践，对个案、小组、社区工作有一定的经验。大三学生具备一些相关的社会工作知识，事前也接受过督导教师的培训和指导，对此次活动十分投入。在督导教师的指导下，大三学生和大四学生相互配合推进此次小组活动的实施。小组活动策划方案在督导教师的指导下由大四学生制订，并由督导教师修改完善。策划方案是根据项目开展前的实地考察以及相关文献和研究资料而制订的。

(2) 由于本次活动的规模较大(32 人)，对于年轻的社工而言是一次挑战，因此活动采用了将大组分成小组的形式进行。小组在活动过程中有时分为更小的组，有时又合为大组。

(3) 在第一次小组活动的时候，由于没有考虑到老年小组组员文化水平较低、缺乏一定的表达能力等现实性因素，且由原来的 12 人固定小组调整为开放性小组，敬老院内的老年人几乎全都参与了进来，而且社工配合度较低，过程衔接也较差。在第二次活动的健康知识分享环节，由于组员们的理解能力较差，缺乏健康方面的意识，工作人员的分享技巧也较生硬，因此大多数组员对这一环节没有过多的反应，实施效果不明显。第三次活动相较前两次活动有了较大的改进，社工注意了方言的使用，也关注到了每个组员；在带领小组的过程中，注重相关技巧的运用，如发问、澄清、重述、解释等，同时给予一些积极的组员适当的权利，让他们去带动其他组员，小组进程也得到了很好的把控。在接下来的小组活动中，虽然也出现了一些配合不够默契的情况，但是通过良好的沟通，小组活动也得以顺利推进。

3. 服务对象的转变状况评估

(1) 敬老院小组活动全部结束之后，组员们或多或少都在小组中有所成长，尤其是在活动中期以后，他们都非常主动、开心地参与小组活动，每次小组活动开始之前，都会提前带上小凳子到院中围坐好。

(2) 在小组活动结束之后，老年人之间的交流增加了，共同参与的活动也变多了。除了原来的棋类活动之外，他们还会一起玩抽陀螺等游戏。一些平时沉默寡言的老人也开始走出屋子和其他人一起聊天。

(3) 个别特殊组员也发生了改变。他们不再单独坐在自己门口，而是开始和其他老年人交流，还主动帮助有需要的其他人；他们也不再抱怨自己的室友，而是愿意与室友一起接水洗漱、一起去劳动。

(七) 反思与讨论

1. 一次针对贫困地区微观社会系统的干预实践

精准扶贫的核心内质是社会支持体系的形成与作用力的发挥，重构贫困人口的社会支持体系是推动贫困文化改变、实现精神扶贫的基础。贫困文化阻碍了一些地区扶贫效果的呈现。乡村自身社会体系的失调，以及良性人际互动和团体力量的缺乏，导致更多社会问题的产生，只有在修复贫困地区社会支持体系的前提下借助外来资源的扶持，才能促使贫困地区形成发展的内生动力，从而保证外来资源效应的稳定性。本章案例呈现的是针对一个贫困地区微观社会系统的干预，通过修复服务对象社会支持体系而达到了一定的效果。

2. 基于社会支持系统理论展开服务

社会支持可以从社会互动关系、社会资源的作用、社会行为的性质等角度来定义。在禄劝县团街镇敬老院中，我们看到了一个贫困地区社会支持体系状况的缩影。从生态系统理论角度来看，敬老院内的老年人基于原有的生活状态表现出强烈的宿命感、无助感和自卑感。在社会支持体系方面，院内老年人缺乏外部的有力支持，在院内的社会关系松散，个体处于孤立状态，导致心理状态得不到调试与重建。所以本次服务从干预院内老年人人际网络开始，并搭建院内老年人的社会支持体系。这是一个符合需求的服务路径。在服务开始之前，社工数次进入敬老院，与服务对象不断接触与交流，最终将服务目标确立为推动敬老院内老年人的人际网络建设与互动模式干预。人际网络建设可以从撬动人际行为改变开始，同步进行心理需求的唤醒，推动服务对象意识的改变。

3. 以生态系统理论为基础，实践“人在情境中”的专业伦理

在方案设计和活动设计过程中，社工抓住改变敬老院内生态系统的目标，通过提高文化认同度、打破文化隔阂的同步活动设计，提高老年人的包容度及相互之间的接纳度，在院内形成和谐的生态系统环境。小组活动充分遵循了“人在情境中”这一原则，社工通过深刻体会老年人的生活环境，实现了对年龄、文化隔阂的跨越，体现出他们的共情能力。例如，对于一位

被其他老年人当作“下蛊”之人的苗族老人，社工能够平等对待，充分了解其孤独感和心理需求，身体力行地给予其支持并给其他老年人做出行为示范。

4. 活动设计中充分利用了符号互动理论和优势视角理论

打破个体互动障碍需要从打破个体之间的沟通与互动交往阻力以及文化隔阂入手。在小组活动设计中，社工充分借助了增进个体对自己文化的知觉，以及对他人文化的知觉与接纳的活动元素，同时设计了推动服务对象增进彼此理解的活动，培养服务对象与更多人互动的能力，并且借助每次活动中的随机协作的机会不断巩固服务对象的这一能力。为服务对象提供展现自己才艺和人生经历的机会，可以让他们增强自信与发掘自身优势，克服消极与孤独心理。

5. 一次结合使用不同社会工作方法的实践

本次小组服务在推行的同时还交叉进行了个案服务，主要是针对个别心理与行为有较多困扰的老年人。他们要么因为自己身体的问题，要么因为长期存在的人际排斥，最初并不愿意参与小组活动，社工借助个案干预打前阵的方法，消除了部分阻力，推动他们尝试参与小组活动，最终在小组活动中促使他们产生新行为、增强人际交往意识，同时也促进了其他老年人对他们的接纳。

(八) 缺陷和不足

本次服务的小组活动设计单一，重复性的活动内容较多，这主要是因为学生的执行能力尚需要提高，以及老年人的行动能力有限。在撬动敬老院的社会系统方面，社工对敬老院的资源调动不足，没有将敬老院中的其他资源设计到小组活动中，如敬老院有种植、养殖条件，这对院内老年人来说有较高价值，如果能够借助小组服务形式推动老年人形成种植、养殖合作小组，这也是一个新的、具有延续性的老年人互动模式与社会支持体系。

七、社工在推进贫困人口社会支持体系构建中的优势

（一）调动组员的自主性和能动性，使其成为打破文化偏见的“使者”

从服务介入过程来看，社工在专业理论的指导下，对小组中的个体进行行为、思想的干预，进而使其产生新意识，尝试新行为。在小组活动中，社工通过行为范式，使组员逐渐改变自己的认知，打破原有的、固定的、带有偏见的信念与意识，从而在敬老院中形成新的、非排他性的、包容开放的文化。例如，社工不断与被组员们称为“药王”的组员互动，并且不时地在组内进行暗示，即与“药王”互动并不会对身体产生负面影响，鼓励其他组员与“药王”交流互动，带来由个体到小群体的思想转变。通过将参与活动并打破了文化偏见的人变为新的传播者，引导更多的人打破文化偏见，这有助于构建新的社会支持体系。

（二）扮演观察者和挖掘者的角色

社工通过与组员交流互动，了解其生存环境、思想环境，并进行信息整合，以此来挖掘一个团体、地区的文化敏感点。具体包括了解贫困文化的特点与切入点，分析此敏感点是否为当地发展的阻力，并通过活动介入当地文化构建过程，推动个体的自我互动与群体的互动，形成新的文化共鸣，从而建立更有利于当地发展的社会支持体系，弥补原有个体人际资源网络的不足。

（三）扮演“工程师”的角色，构建组员支持网络，使组员激发自我潜能

在小组社会工作中，社工通过每次的活动，引导组员构建支持网络，同时为其提供了另一种了解外界的可能。这样的交流与互动，使组员形成了另一种解决问题的范式。除此之外，组员与组员之间在合作与竞争的过程中，不断发挥主观能动性，调动自己的优势资源，去解决问题、帮助别人。

第十章　社会工作参与贫困地区困境儿童职业生涯教育实践探索案例

一、研究背景

2017 年年底，全国 MSW 教指委、中国社会工作教育协会联合启动了“中国社会工作教育百校对口扶贫计划”。长春理工大学是首批入选该计划的高校之一，对口扶贫地点为吉林省 W 县。对于此次对口扶贫任务，长春理工大学社会工作专业的师生们高度重视，希望通过这一契机将社会工作教学与实务密切结合，通过开展专业化的社会工作服务将扶贫工作落到实处。

二、理论视角与实务方法

（一）优势视角理论

丹尼斯·塞利比认为优势视角是一种社会工作实务模式。优势不仅包括个人的特征、品质和技能，还包括环境资源的关系特点，甚至几乎所有的事物在某种特定条件下都可以被视为一种优势。① 优势视角旨在寻找、挖掘、辨识个人、社群、环境和周围一切事物的优势，达到以优势为本建立社会网络，形成个人资产，进而更好地面对和抵御困境，创造更多的价值。

职业是一种人类劳动过程中的分工现象。对困境儿童进行职业生涯教育，是利用儿童的兴趣和优势，让儿童模糊的职业感觉转变为较清晰的职业特质；是利用社会环境的优势，为儿童提供更多的职业选择，链接多方位的社会资源，以帮助儿童摆脱困境。

（二）人本主义理论

人本主义的基本观点是尊重个体的成长与发展。卡尔·R. 罗杰斯(Carl R. Rogers)曾说："专业人员应感到服务对象是一个具有无条件自我价值的人，即不论他的处境、行为或情感如何都是具有价值的人。"②在人本主义理论的指导下为困境儿童开展服务，强调儿童的内在价值、主体性、尊严、创造力以及其自我实现的能力；相信无论是困境儿童个体，还是以班级、小组等为单位的团体，都能在社工的协助下找到自己的发展方向。

在贫困地区困境儿童职业生涯教育项目中融入人本主义理念，设计不同类型、不同主题、适合不同困境儿童的职业生涯教育方案以及相关的游戏和活动，可以引导社工更加尊重困境儿童的多元性和差异性，充分挖掘困境儿童的潜能，满足其自我实现的愿望。与此同时，无论这些困境儿童

① ［美］Dennis Saleebey：《优势视角：社会工作实践的新模式》，李亚文、杜立婕译，华东理工大学出版社2004年版，第12页。

② ［美］卡尔·R. 罗杰斯等：《当事人中心治疗：实践、运用和理论》，李孟潮、李迎潮译，中国人民大学出版社2004年版，第43页。

过去的经历如何，他们的身上曾带有怎样的负面“标签”，社工都应积极地、非评判地去接纳他们，关注他们“此时此刻”的感受，从而促进他们的改变与成长。

（三）参与式教学

参与式教学是指根据学生的实际需求，以学生为中心、以自觉性和选择性为特征的教学。[①] 参与式教学改变了以往“自上而下”“填鸭式”“应试倾向”的教学模式，由全体师生共同创设民主、和谐、热烈的教学氛围，让不同层次的学生都拥有参与和发展的机会。它是一种合作式、协作式的教学法。这种教学法充分运用灵活多样、直观形象的教学手段，鼓励学生积极参与教学过程，强调师生之间的信息交流和反馈，使学生能够深刻地领会和掌握所学的知识，并将这些知识运用到实践中去。

教师可以将参与式教学作为职业生涯教育的实施方法和策略，强调学生在职业生涯课堂中的主体性和差异性，并通过在教学过程中运用一对一交流、团体游戏、小组讨论、情境创设、角色扮演等参与式教学手段，实现对困境儿童综合能力特别是反思能力和实践能力的培养。

在进行社会工作参与贫困地区困境儿童职业生涯教育的实践探索过程中，长春理工大学社会工作团队将优势视角理论和人本主义理论作为指导理论，并将其内化为社工参与教育扶贫的价值观和行动原则；将参与式教学作为职业生涯教育的实施方法和策略，并在项目实施过程中通过个案辅导、小组活动的形式展现社会工作对口扶贫的专业性。

① 刘兰：《浅谈“自主、合作、探究”的参与式高效课堂》，载《教育观察（中下旬刊）》2015 年第 11 期。

三、社会工作参与 W 县困境儿童职业生涯教育的实践过程

（一）项目前期筹备

在卜长莉教授的带领下，长春理工大学社会工作专业的师生首先克服了组建团队的困难。在组建团队初期，由于对 W 县的具体情况不了解，扶贫服务经验也较为缺乏，部分师生认为开展这项工作存在难度。在社会工作专业带头人扶贫决心的感召下，长春理工大学社工团队由最初的 2 人发展为 12 人，且团队成员分工明确，从方案制订到深入调研、资料收集、对外宣传、物资采购、财务管理等都有专人负责。

之后，长春理工大学社工团队在寻找如何顺利、有效地进入 W 县的过程中遇到了新的难题。在这一阶段，社工团队先后与吉林省扶贫办、W 县民政局、W 县教育局等部门进行了关于社会工作专业力量参与脱贫攻坚的会谈，以寻找通过开展社会工作专业服务帮助 W 县脱贫攻坚的切入口。同时，社工团队与有相关扶贫经验的社会组织积极沟通与合作，拓展了在 W 县开展社会工作服务的工作思路。

经过 3 个多月的前期筹备，2018 年 4 月，长春理工大学社工团队与吉青社会工作服务中心签署了合作协议，依托“共青团吉林省委青少年事务社工人才培养项目”的资金资助在 W 县开展教育扶贫工作。

（二）项目实施地点的选择

据调查，W 县原是国家级贫困县①，隶属于延边朝鲜族自治州，距离朝鲜边境仅 18 千米。当地总人口为 25.3 万人，朝鲜族人口占总人口的 32%，

① W 县于 2020 年 4 月退出贫困县序列。

其他少数民族人口占总人口的4%。W县存在的问题包括产业发展落后、交通不发达、基础设施不健全、“空心村”数量多、留守儿童和留守老人占总人口比例高、人力资本不足等。

2018年5月，长春理工大学社工团队来到W县，与W县教育局进一步对接后了解到，经济发展落后的影响，W县中小学的教育水平相对于其他地区较为落后。其中，W县第四小学作为一所非重点小学，师资水平有限，且生源多为留守、贫困儿童。得知这些情况后，社工团队初步选择将W县第四小学作为社会工作参与教育扶贫项目的实施地点。

（三）项目实施对象的特点

在接下来的半个月里，社工团队针对W县第四小学学生的教育现状开展了深入的调查工作。调查方法主要采用的是访谈法和参与观察法。社工通过与学生、学校领导、教师以及学生家长交谈，了解该校学生的基本情况与突出特点；通过融入学生课堂并与学生结成伙伴关系，了解困境学生的真实需求。

社工团队从W县第四小学的校领导处了解到学校的基本情况：学校共有6个年级、24个班级，学生有1 000余人，教师有70余人。由于W县没有社会工作机构，学校也没有开展过类似的社会工作服务，因此学校领导对“社工”的身份和开展服务的性质了解程度有限。社工团队通过实地调查得知，在W县第四小学就读的儿童有60%是留守儿童且他们的家庭经济条件较差。一些家长因无法负担子女在W县上学的费用，只能选择让子女转学回村里。

据W县第四小学在校学生反映，他们中的很多人一年内能见到父母的次数屈指可数。由于长期与父母分隔两地，多数学生与祖父母或其他亲属生活在一起，或者放学后去往寄宿制辅导班，因此产生了较多难以解决的学习、生活问题和隔代教育问题。在与学生相处的过程中，社工发现一些学生有明显的行为偏差，如厌学、暴躁、易怒、多动、孤僻、人际关系差、学习动力不足、目标不明确等，若不进行干预，他们的身心健康状况将会受到影响。

(四) 服务方案设计

综合考虑 W 县的贫困状况、优势资产以及 W 县困境儿童的问题与需求，社工团队最终确定在 W 县第四小学实施社会工作参与贫困地区困境儿童职业生涯教育项目，以改善贫困地区儿童职业规划意识薄弱、与其他地区同龄儿童相比竞争力弱、资源匮乏等状况。同时，社工团队充分考虑校领导提出的“希望改善学生的学习状态”的服务需求，在项目实施过程中强调运用以学生为中心、培养学生综合能力的参与式教学方法，以引导学生转变对待学习的态度，满足学生多样化的发展需求。

在服务方案基本确定后，社工团队不断完善方案细节并着手准备相关物资。社工团队在服务时间、工作量和住行问题上进行了多次讨论，最终决定于 2018 年 5 月至 7 月分 3 次到 W 县开展服务。

(五) 社会工作介入

1. 初期实践探索

社工团队与 W 县第四小学校领导就项目开展细节进行协商并达成一致意见后，校领导第一时间与各年级班主任、任课教师、辅导员等进行了联络，鼓励教师协助社工团队进行社会工作参与贫困地区困境儿童职业生涯教育项目的前期宣传和服务对象的招募。

社工团队在儿童节活动暨校运动会上正式启动了社会工作参与贫困地区困境儿童职业生涯教育项目，并很快融入学生课堂。社工团队第一次进入班级时，学生们都表现得十分拘谨，课堂气氛也较为沉闷。学生们按照班主任的要求坐得笔直，双手背在身后。看到班级里来了一群陌生人，学生们既好奇又紧张。社工主动与学生问好并进行自我介绍。

社工以“大姐姐”“大哥哥”的身份与学生们相互认识，并引导学生提问，从而促进专业关系和信任感的建立。

经过一段时间的相处，社工与学生们从陌生到熟悉，逐渐成为学生们可以交心的对象和信任的伙伴。这为团队后期为留守和贫困儿童建立个人档案、开展职业生涯教育服务奠定了坚实的基础。

在W县第四小学师生的支持下，社工团队成功开展了贫困地区困境儿童职业生涯教育服务。服务内容包括开展职业生涯个案辅导，关注困境儿童的自我认知；开展职业生涯小组活动，提升困境儿童的综合能力；建立学校社会工作服务站（以下简称“社工站”），持续推广职业生涯教育。

2. 开展职业生涯个案辅导

在本项目中，社工团队共针对24名困境儿童开展了个案社会工作服务。在服务对象招募阶段，社工团队利用课间和非公共课时间在班级内进行项目宣传，通过自愿报名和教师推荐相结合的形式筛选出了24名困境儿童作为服务对象。这些学生均存在不同程度的学习动力不足、学习成绩落后、无职业规划意识等问题。

在服务初期，专业关系的建立进行得较为顺利。社工在服务前都会告知服务对象：

“我们不是老师，我们是社工哥哥(姐姐)，你不用紧张和担心，可以放松一点。课余和休息时间我们可以一起聊天、做游戏，用你喜欢的方式来交流互动。”

社工团队坚信良好的专业关系更有益于服务对象的改变，实践也证明学生对社工是“姐姐”“哥哥”而非“专业人士”的身份更容易接受。这也拉近了社工与学生之间的距离。

在社工看来，学生长期处于单一的学习模式中，教师和家长阻断一切娱乐来源的教育方式看似起到了很好的作用，但实际上学生希望接触新鲜事物、培养兴趣爱好、确立自己的发展方向的诉求依然强烈。因此，社工团队根据现实情况，为24名困境儿童安排了两个阶段的个案辅导。

第一阶段：学会关注自我。

自我认知是学生职业生涯教育的基础，不清晰的自我认知会导致学生出现学习动力不足、过度自信或自大等情况，而客观、求实的自我认知能够使学生的职业规划更加合理、可行。为了掌握服务对象的自我认知情况，社工团队在设计服务方案时加入了“自画像”游戏环节，让服务对象利用纸和彩笔画出心目中的自己。在完成“自画像”信息汇总后，社工发现24名困境儿童呈现出两种不同的类型。

一类是活泼、好动型。这类儿童在“自画像”游戏环节中的表现过于活跃，导致游戏的深层意义无法完全体现。他们在听到“自画像”任务后的第一反应不是画出“心目中的自己”，而是喜欢什么就画什么。例如，服务对象A喜欢玩枪战类游戏，他让社工找一个步枪的图片给他照着画，还跟社工讲述了自己在游戏中的“英勇表现”。这类儿童的反应较快，对自己感兴趣和擅长的领域很有表现欲，经常在班里打闹、恶作剧，容易与同学发生冲突，扰乱课堂秩序，是教师的“重点关注对象”。

另一类是文静、乖巧型。这类儿童能够接受社工对“自画像”的讲解和分析，能够跟随社工的引导进行自我认知探索。但这类儿童由于性格较为内向，对信息的接受和反馈有限，对社工所讲的内容表现出不在状态或不感兴趣。例如，服务对象 B 画了一个小房子，房子里只有她自己。通过访谈社工了解到，服务对象住在县城的亲戚家中，父母在村里务农，对她疏于照顾。当社工谈到她存在的偏科问题时，她选择逃避问题，表现出走神和略微的反感。此类儿童对待学习常常抱有一种“破罐子破摔”的心态，认为自己没有其他同学聪明，很多功课即使努力了也学不会。

因此，对于活泼、好动型儿童，社工决定转变方式，通过对话和观察他们的行为来探索其内心世界，从而挖掘出他们的真实问题与需求；而对于文静、乖巧型儿童，社工则继续采用绘画的方式让他们改变自我认知，看到自己的优点。

第二阶段：培养职业意识。

社工团队的服务目的是让服务对象了解自己的职业倾向、气质类型，明确兴趣代表的职业方向以及职业包含的兴趣类型，从而进一步培养服务对象的职业意识和认知；同时，针对服务对象个人的优势，让其自主选择最适合自己的职业方向。

在这一阶段，社工团队利用霍兰德职业兴趣量表（简易版）作为测试工具，与服务对象一起分析测试结果所呈现出的他们拥有的职业特质和潜在能力，从而让他们产生具体、直观的职业意识。在测试过程中，社工尽量让服务对象理解所有题干的意思，并向服务对象解释量表是以 6 个维度（A 艺术型、S 社会型、E 企业型、C 常规型、R 实用型、I 研究型）的占比来分析一个人的职业兴趣的，从而向服务对象推荐适合的职业方向。

从测试结果来看，在 24 名学生中，12 名男生更倾向于社会型和实用型职业，他们对建筑类、计算机类、运动类和企业类的工作更感兴趣；12 名女生则更倾向于研究型和艺术型职业，她们更希望在将来从事唱歌、舞蹈、绘画和教师等职业。

通过个案辅导，24 名学生对职业生涯、职业规划有了初步的了解，明白了无论是学习还是工作，都要从自身出发，要充分利用自己的优势和兴趣。

3. 开展职业生涯小组活动

社工团队结合困境儿童的个性特点和兴趣爱好，设计了不同主题、不同形式的小组活动，以帮助困境儿童提升职业规划综合能力、确立职业方向和人生目标。总体而言，职业生涯教育的内容涵盖了职业规划知识讲堂、榜样经验分享会、面试技巧培训和职业模拟体验等；活动形式包括团体游戏、小组讨论、情境创设、角色扮演、演讲比赛等以学生为主体的参与式活动。

在职业规划知识讲堂中，主讲社工协助组员了解"职业""生涯""规划"等概念，并通过职业类型"头脑风暴"的游戏引导组员尽可能多地说出自己知道的职业和岗位。大部分组员最先想到的是父母从事的职业，如建筑工人、售货员、农民、司机等。在社工的启发下，部分组员也说出了自己喜欢的职业。

我想到了工程师、宇航员、飞行员，这些职业很酷。（组员 A）

我想到了钢琴家和老师，我非常想学钢琴，学会后可以弹琴给很多人

听。(组员 B)

通过对不同职业类型的了解,组员们开始将头脑中职业规划的意识用语言叙述出来或用文字表达出来。这对于培养他们的职业规划综合能力来说是一个好的开始。

社工团队发现,不少学生存在缺少榜样的问题,同时家长也没有做到对他们的思想和行为进行正向引领,导致部分学生对榜样人物以及其他正面、积极人物等所彰显的崇高精神、先进思想等没有正确的认识和思考。因此,社工团队运用小组工作的专业方法加强和改进了困境儿童的榜样教育,丰富了困境儿童榜样教育的内容和形式。在榜样经验分享会上,社工列举了不同行业中先进人物的典型事迹,引导组员学习榜样人物身上的优秀品质和进取精神,激发组员们进行职业探索,思考自己未来的职业方向。社工还带领组员一起诵读了魏德友 50 多年戍边巡边的故事,并观看了电影《守边人》的感人片段。同时,社工也邀请了组员中的优秀学生代表进行了经验分享。

以前我的偶像都是明星,参加小组活动后,我有了新的榜样,希望自己将来也能像那些为国家、为人民做贡献的人一样在平凡的岗位上做出不平凡的事业。(组员 C)

活动结束后,社工还引导每位组员确定自己的榜样,确立从向身边优秀的人学习到向其他更优秀的榜样看齐的目标。

经过前几次小组活动对职业规划理论知识的普及和职业规划意识的树立,社工团队在小组活动中加入了更加注重职业规划综合能力培养的面试技巧培训和职业模拟体验。这部分的小组活动更加注重实践性而非理论性，强调组员的共同参与和亲身体验。在组内进行的模拟面试活动中，组员积极报名参加，两名学生为一组，一人扮演面试官，另一人扮演面试者。这一环节极大地锻炼了组员的语言表达能力以及应对面试、上台发言的技巧和心态，增强了组员们的自信心和勇气。在以职业模拟体验为主题的小组活动中，社工创设了几个职场情境并让组员们分别扮演不同的职业角色，如公司中的领导和普通职员、饭店里的老板和服务员等，并由组员自己编排具体的工作场景和对话。组员们通过参与情境表演体会到了不同职业的乐趣，也明白了任何一种职业的背后都有需要承担的责任和需要付出的努力。

职业生涯教育小组活动总共开展了30余次，小组成员除个案服务的困境儿童以外，还包括社工邀请加入小组和学校教师推荐加入小组的其他困境儿童。据统计，项目小组服务的困境儿童人数超过200人。社工团队希望在开展职业生涯教育之余，让这些儿童在小组中形成良好的互助关系，在以后的学习和生活中互相鼓励、互相扶持，形成一种可持续发展的团体动力，促进他们共同成长。

4. 为贫困地区困境儿童建立学校社工站

个人和家庭无法为困境儿童提供职业生涯教育平台，这是社工团队决定与学校一同建立社工站最主要的原因。社工站的成立体现了学校对儿童职业生涯发展的重视，同时社工站也为提升儿童协作、组织和表达能力提供了舞台。

为了持续推广和普及职业生涯教育，社工团队结合儿童的身心发展特点和职业取向，定期为社工站输送师资和教学内容。社工团队坚持以儿童为主体，设计并开展儿童喜欢的工作坊和个别辅导，从而发挥儿童的主观能动性，让他们体验职业乐趣，把被动式学习变为主动参与式体验。

四、项目成效

（一）了解职业与改善学习状态

通过开展困境儿童职业生涯教育，困境儿童获得了新的职业认知。在服务中，社工发现很多困境儿童对于职业的认知有限，他们所理解的职业与实际的职业之间差距较大。当困境儿童较全面地了解某一职业所包括的工作内容后，他们会发现其实自己并不喜欢从事这一职业。针对这一现象，社工设计了符合困境儿童年龄段的服务内容，利用“头脑风暴”、绘本写作、榜样力量、实际体验等多种形式，让困境儿童更加系统地了解职业的概念。在社工的引导和带领下，很多困境儿童对职业及职业选择有了新的认识。

职业生涯教育在鼓励学生了解职业的同时也强调改善学生的学习状态。在项目实施过程中，社工团队帮助困境儿童明确了学习方向、确定了学习目标。在服务即将结束时，社工团队与服务对象约定了期末考试的目标成绩，并建议班主任和学生家长改变之前的教育方式，给予学生更多的支持和肯定，以增强他们的学习动力。根据 W 县第四小学教师的反馈，参加项目的学生在期末考试中成绩均有不同程度的提高，部分学生虽然未达到预期目标，但较之前也有了明显的进步。

（二）制订优势为本的职业生涯教育计划

困境儿童之“困”的外在因素体现在社会资源的缺乏和社会支持的不足。受家庭环境与社会环境的影响，很多困境儿童缺乏清晰的自我认知，无法看到自身的优势。

优势为本以困境儿童自身的优势为基础，通过一系列专业服务对困境儿童的优势资源进行整合，使儿童能够利用优势摆脱困境，改变生活和学习现状。社工团队在服务过程中以优势视角理论为指导，制订了以优势为本的职业生涯教育计划，协助困境儿童主动了解和肯定自己，对自我特质、职业与个人发展的关系等进行探索，从而让困境儿童对未来的职业发展有更加明确的目标和方向。

（三）推动"1＋N"教育扶贫模式的开发

不同地区的困境儿童研究具有特性和共性，根据区域特点设计"1＋N"教育扶贫模式更有助于困境儿童的发展。在服务过程中，依托社工站，社工团队进行了以下服务创新：第一，将社会工作专业书籍置于社工站，供学校教师学习和使用；第二，完善针对困境儿童的心理咨询服务，尝试运用"沙盘疗法"等多种心理咨询方法；第三，大力发展"1＋N"教育扶贫模式，即一个社工站加若干资源链接，形成稳定的社会支持网络，辅助社工站的运营与管理。

"1＋N"教育扶贫模式在W县初见成效，社工团队欣喜地看到困境儿童有所收获。这一教育扶贫模式对困境儿童的成长有正面作用，并非形同虚设。以社工站（具有共性的"1"）为基础，开发具有特性的"N"，因地制宜，扎根社区或学校，保证教育扶贫落实到位，惠及每个服务对象，且更具普及性和针对性。

五、总结与反思

首先，作为首支进入W县开展困境儿童职业生涯教育的社工队伍，长春理工大学社工团队在项目实施过程中注重理论与实践的结合，始终坚持用人本主义理论指导具体活动的开展，尊重困境儿童的成长与发展，接纳他们的多样性和差异性；同时，坚持以优势视角看待困境儿童及其生存的环境，重视发挥他们的优势、挖掘他们的潜能。其次，社工团队注重服务经验的积累，将项目开展情况以文字报告的形式详细记录下来；同时，设计规范的表格对服务中涉及的重要信息和资源进行整理。最后，社工团队从宏观层面关注贫困地区儿童的教育问题，倡导扶志与扶智相结合，致力于将这一较为成功的社会工作参与贫困地区困境儿童职业生涯教育模式推广至其他贫困地区，从而促进更多困境儿童改变和成长。

通过对实践过程和项目成效的反思与总结，社工团队认为在开展贫困地区困境儿童服务时应时刻谨记以下几点：

第一，以困境儿童的需求为本。我们经常可以看到困境儿童所接受的救助和帮扶很多并非他们真正需要的，而是家庭、学校或社区强加给他们的。这种服务形式无法从根本上让困境儿童受惠，也违背了服务的初心和使命。困境儿童群体分布范围广、类型复杂，切不可一概而论。

第二，强调困境儿童的优势。针对困境儿童的服务应该关注困境儿童的优势并发展其优势。在服务过程中，如果过于强调困境就会使困境儿童感到更加窘迫，限制困境儿童的自我效能。只有充分发挥困境儿童的能力和优势，让他们在服务结束后也能够面对和解决自己的问题，才能真正实现社会工作的助人自助。

第三，社工的理性应大于感性。儿童应当是受呵护和关爱的群体，困境儿童更是如此。以贫困地区的困境儿童为服务对象开展相关服务时，社工要充分理解和接纳困境儿童，但过多的感情投入并不利于困境儿童的长远发展。社工在面对困境儿童时应保持专业理性，探索最适合困境儿童的服务路径。

长春理工大学实施的社会工作参与贫困地区困境儿童职业生涯教育项目成效较为显著，服务目标基本实现。但在以后的实践和研究中，社工还需要注意坚持将扶志与扶智作为社会工作参与教育扶贫的重点；及时把握困境儿童的心理发展阶段，更新服务内容与服务形式；平衡参与式教学与传统授课之间的关系，更好地发展职业生涯教育，创新社会工作参与教育扶贫的路径。

第十一章　教育扶贫背景下青少年性与生殖健康教育发展实践研究案例

党的十八大以来，以习近平同志为核心的党中央赓续奋斗，把人民对美好生活的向往作为奋斗目标，团结带领全党全国各族人民，夺取全面建成小康社会决胜阶段的伟大胜利。其中，教育系统发挥统筹作用，可以整合人才、科技、资源等优势，不断优化高校扶贫力量组合，进一步帮扶贫困人口及其家庭提升脱贫能力，促使脱贫攻坚工作提质增效。

一、问题的提出

（一）教育扶贫是阻断贫困代际传递的治本之策

党的十八大以来，以习近平同志为核心的党中央站在全面建成小康社会、实现中华民族伟大复兴中国梦的战略高度，把脱贫攻坚摆在治国理政的突出位置。党的十九大报告中更是提出“让贫困人口和贫困地区同全国一道进入全面小康社会是我们党的庄严承诺”。为了全面落实《中共中央 国务院关于打赢脱贫攻坚战的决定》的精神，必须完成发展教育脱贫一批重要任务。为此，《教育脱贫攻坚“十三五”规划》明确指出：“以国家扶贫开发重点县和集中连片特困地区县及建档立卡等贫困人口（含非建档立卡的农村贫困残疾人家庭、农村低保家庭、农村特困救助供养人员）为重点，采取超常规政策举措，精确瞄准教育最薄弱领域和最贫困群体，实现‘人人有学上、个个有技能、家家有希望、县县有帮扶’，促进教育强民、技能富民、就业安民，坚决打赢教育脱贫攻坚战。”可见，教育扶贫要落实到县、村、户、人，对脱贫群体的各个发展阶段都要有直接或间接的重要作用，通过教育投入、教育资助和教育帮扶，扭转和重塑当地文化，帮助贫困人口学习和掌握脱贫知识技能，改善和提升贫困人口的素质，开发人力资源等多种方式，改变贫困地区的经济文化与贫困人口的整体面貌，产生持久的扶贫效果。这不仅体现了我国扶贫开发工作的新思维、新思路、新要求，还体现了对社会公平与正义的价值追求。

（二）青少年性与生殖健康教育是教育扶贫的重要内容

2016 年，中共中央、国务院印发的《“健康中国 2030”规划纲要》明确提出：“全社会要增强责任感、使命感，全力推进健康中国建设，为实现中华民族伟大复兴和推动人类文明进步作出更大贡献。”2016 年 12 月 27 日，国务院根据《中华人民共和国国民经济和社会发展第十三个五年规划纲要》和《“健康中国 2030”规划纲要》印发《“十三五”卫生与健康规划》，其中重点突出“关爱青少年健康”这一领域，明确指出加大学校健康教育与健康促进工作力度，将健康教育纳入国民教育体系，关爱青少年生殖健康与心理健康，减少非意愿妊娠，加强艾滋病等传染疾病的防治，落实国家规定的免费计划生育技术服务基本项目，全面推行知情选择，普及生殖健康知识，促进青少年健康、快乐成长。2017 年，中共云南省委宣传部等八部门联合发布《关于在全省青少年中开展青春健康教育和服务工作的意见》。该意见从指导思想、工作目标、工作任务、工作职责和保障措施这五大方面提出了具体的规范，要求将青春健康教育工作纳入各地计生部门及相关学校、社区的常规工作中，各部门协同，共促发展。相关文件的制定与颁布，不仅为青少年性与生殖健康教育工作的规范化、制度化、持续化提供了政策性保障，有利于实现“健康中国 2030”的发展内涵与目标要求，而且涉及全民族健康发展的利益，契合了有效脱贫的现实需要。

（三）政府购买服务为青少年性与生殖健康教育发展提供服务补位

党的十九大报告提出，完善公共服务体系，保障群众基本生活，不断满足人民日益增长的美好生活需要。社会公共服务供给是盘活社会富余资源、加快政府管理职能转变、促进全面深化改革向纵深发展的关键性突破口。比如，2014 年以来，中国计划生育协会为进一步扩大青春健康工作的覆盖面并增强其可持续性，与全国各地计划生育组织、高校计划生育联合会紧密合作，在全国高校陆续开展青春健康项目，以实现提高中国青少年性与生殖健康水平的项目宗旨。虽然青春健康项目最初只在高校中推行，但以政府购买专项社会服务的方式进行资源嵌入，弥补了传统基础教育体系中青少年性与生殖健康教育的缺失，激发了高校青少年性与生殖健康教育发展的内生动力，有利于本土青少年性与生殖健康教育的孵化、融合与转型。因此，创新政府购买社会公共服务体制机制，引导社会组织向专业化方向发展，发挥社会组织的独特优势，促进其公共服务供给能力不断提升，在对应的贫困地区、贫困群体内浸润青少年性与生殖健康教育，可以有效地促使脱贫人口意识觉醒，增强其行动张力。可见，专业化服务的“增能”对教育扶贫也具有积极的意义。

二、理论视角

增能概念在社会工作中一直被广泛应用，但直到1976年所罗门的《黑人的增能：压制性社区的社会工作》一书出版，它才形成一个初步的实践框架。[①] 所罗门认为，每个人都以这样的方式发展，即在家庭、重要他人和环境中建立个人资源，如健康、自认与认知，在此基础上形成人际交往能力，掌握一定的可以谋生的技巧和能力，从而扮演重要的社会角色。增能的目标包括如下方面：（1）帮助案主认识到自己是解决问题过程中的因果行动者（causal agent）；（2）帮助案主认识到社工拥有案主可以利用的知识与技巧；（3）帮助案主认识到社工是解决问题的合作者与伙伴；（4）帮助案主认识到权力结构的多面性，了解案主在多大程度上认同现状并寻找可以影响的空间。在增能视角下开展青少年性与生殖健康教育服务，就是把青少年作为工作与服务的对象，运用青少年成长与发展的规律以及社会工作专业价值观、理论、方法和技巧，最大限度地发掘青少年的潜能，协助青少年获得应有的权能并学会行使权能，进而促进其全面、健康发展，使其更好地适应社会生活。特别需要注意的是，增能视角强调社工与青少年之间的关系是一种平权关系，社工要基于这一关系促使青少年重新构建对性的认知，重新建立自我概念与自我效能感并获得内在资源，激发青少年的自主权，挖掘其可

① 何雪松：《社会工作理论（第二版）》，格致出版社2017年版，第45页。

用的外在资源，增强青少年社会参与的权能，增加青少年社会参与的机会。①

三、青少年性与生殖健康教育小组活动实施过程

（一）项目背景

2017年，《民政部 财政部 国务院扶贫办关于支持社会工作专业力量参与脱贫攻坚的指导意见》的出台，为社会工作助力反贫困提供了制度保障与政策支持。项目团队依托2018年中央财政支持社会组织参与社会服务项目中的C类项目——社会工作教育对口扶贫服务示范项目，以云南省D区为扶贫调研点，选取C职业技术学院35名建档立卡户学生作为教育扶贫对象，设计并开展了以“青春健康”为主题的小组活动。每个小组活动的活动名称、基本目标、训练内容与工作方法均选自或改编自中国计划生育协会编著的青春健康人生技能培训指南——《成长之道》。项目团队试图以小组工作的方式在贫困青少年群体中开展性与生殖健康教育，主要服务目标设定如下：(1) 在知识层面上，帮助贫困青少年进行“性脱敏”，鼓励其正确面对有关“性”的话题，掌握科学的性与生殖健康知识，树立健康的性观念与性意识；(2) 在技巧层面上，引导贫困青少年辨识正确的人际交往技巧，学会在人际冲突中理性思考、智慧决策，做健康、安全、负责任的决定；(3) 在能力层面上，帮助贫困青少年理解与体验成长过程中的生理与心理变化，鼓励其积极

① 宋丽玉、曾华源、施教裕等：《社会工作理论：处遇模式与案例分析》，洪叶文化事业有限公司2002年版，第72页。

应对所遇到的有关“性”的问题，并学会接纳自我、悦纳自我与发展自我；(4) 在发展层面上，以社会工作专业方法助力贫困青少年掌握性与生殖健康教育的目标、内容与意义，激发其以同伴教育的方式积极推广青春健康教育，深入探索适合本地区的性与生殖健康教育模式，提升青少年对性的认知能力，促进青少年健康人格的发展。之所以选取C职业技术学院作为项目服务点，一方面是因为C职业技术学院是D区用工培训、农村劳动力转移培训、技术培训与推广、扶贫开发和普及高中阶段教育的重要基地；另一方面是因为项目团队的成员自2016年起参与了云南省Q市X社区的青春健康项目，曾在X社区管辖范围内的6所大中职业院校中开展过青春健康教育，并且在传统性与生殖健康教育模式的基础上进行了突破与创新，形成了比较适合当地学生群体的青春健康同伴教育新模式。

项目团队综合分析了职业技术学院青少年群体成长过程中遇到的问题。首先，家庭性与生殖健康教育缺失与弱化，家长“谈性色变”或“羞于开口”，甚至将性与生殖健康教育寄希望于学校教育，造成了家长在青少年性与生殖健康教育中的缺位。其次，在学校传统的教育理念中，性与生殖健康教育保留着浓厚的片面化色彩，一般表现为“性纯洁教育”，即禁欲型性教育或恐吓型性教育，仅有的性与生殖健康教育往往只侧重于生理卫生知识的浅层讲解，对于深入探讨对性的认知、情感、态度、价值观、行为决策和社会层面意义的教学很少。尤其是职业技术学院往往更看重的是学生的专业实践能力与未来就业能力，虽然也会定期开设一些简单的课程或培训，但并不能满足构建一个系统的、完整的、持续性的青少年学生性与生殖健康教育体系的需要。最后，在青少年学生社会化的过程中，朋辈群体这把“双刃剑”所发挥的作用。比如,过早确定恋爱关系,缺乏认真思考而做出性决定,无法处理多角恋爱关系,等等。综合考虑上述问题,项目团队决定在M区唯一一所职业技术学院的贫困学生群体中建立成长型小组,以专业力量带动性与生殖健康教育的发展。

(二)社工主动沟通,创建空间载体:“青春健康教育大讲堂”

项目团队以小组工作的方式开展性与生殖健康教育,首先需要在项目服务点选取一个适合开展小组活动的场地,使之真正成为C职业技术学院开展青少年学生性与生殖健康教育的公共空间。项目团队成员联系了C职业技术学院负责人W,与之沟通并详细介绍由中央财政支持的社会工作教育对口扶贫服务示范项目的背景、组织架构、实施地域、服务对象、服务内容、服务目标与预期效果,以及以“青春健康”主题小组的方式开展性与生殖健康教育的计划。社工L①还向学校负责人W讲述了小组活动实施的细节,即每个小组活动的时间、地点、主题、内容与方法以及所要达到的目标等。在探讨的过程中,学校负责人W也向项目团队介绍了学校的整体状况。

性与生殖健康教育意义重大,对青少年的成长至关重要,但目前并没有被纳入基础教育体系中来,对于职业技术学院的学生群体来说更是少之又少……性教育在目前教育环境下还是比较敏感且不成熟的,在我们学校也是如此。在整个教学环节中,这一部分内容也没有被设计进去。学校也缺少一些专业的教师,仅有的心理健康教师在讲课过程中很少提及这一部分内容。但是学校里也存在早恋、女同学意外怀孕甚至私自打胎等现象。我

① 社工L是小组活动的主要带领者。

个人是非常赞同开展性教育的……有了这样的一个教育扶贫项目，我们就可以把性教育的内容补充进来，让这些职业技术学院的青少年学生了解性知识，增强自我保护的意识，并且学会处理同伴之间的冲突，衡量当下学习与和异性交往两者之间的关系，辨别孰轻孰重，做到在青春的道路上无怨无悔！①

为了消除学校在这一方面的顾虑，项目团队联络员 H② 多次与学校负责人联系、沟通，耐心说明在项目实施过程中社工扮演的角色、所运用的专业理念与价值观，以及小组工作的技巧和方法，强调弥补青少年性与生殖健康教育的不足同样是教育扶贫工作中的重点与难点。最终，在双方共同努力下，学校同意在现有的资源条件下将课余活动室改造成“青春健康教育大讲堂”，并在每个班级中挑选一名建档立卡户学生，于每周五 19:00—20:30 参加小组活动。课余活动室具备开展“青春健康”主题小组活动的硬件条件，如有多媒体设备、可移动桌椅、黑板等。一方面，社工盘活了教学空间资源，充分发挥课余活动室作为学生“第二课堂”活动场地的优势；另一方面，学生对原有活动场地的熟悉感和归属感，有利于提高他们的参与率，也有利于促进社工与学生的互动，进而为性与生殖健康教育的拓展创造了空间载体。此时社工扮演着领导者的角色，在小组中处于核心位置，承担着指导小组发展、制订小组互动计划、统筹小组活动具体环节的责任，其在搭建合作平台过程中的主动性以及所运用的外展性技术，都是社会工作专业性的体现。

① 社工 L 与 C 职业技术学院负责人 W 的谈话记录。
② 联络员 H 主要负责 C 职业技术学院与项目团队的沟通、协调工作。

(三)社工积极引导,推动小组发展:“知识+态度+技能”的性与生殖健康教育体系构建

“青春健康教育大讲堂”启用之后,社工们开始思考如何有效地帮助小组成员进行“性脱敏”。依据以往的性与生殖健康教育经验,社工 L 决定在第一次小组活动中播放两个视频:一个是关于性教育的视频,即玛丽斯特普国际组织(Marie Stopes International, MSI)关于“推动青年人做性教育”的宣传视频——《我要我的特权》;另一个是关于家庭教育的电影片段——《小孩不笨 2》中的“怀孕乌龙事件”。播放视频的目的是引导学生发现“认知性才懂性”,其中有两名组员对于观看视频的反应强烈。

第一次参加这样的小组活动,看到周围坐着那么多和自己同龄的学生,感觉有点不好意思。我觉得社工讲的内容特别“露骨”,我心里在想:我为什么被选中来参加这样的活动?但是社工以坦诚的态度让我们逐渐认识到“性”并不是那么难以启齿的。以前总觉得性行为只是夫妻之间交流感情、繁衍后代的手段,现在来参加了小组活动,才发现原来还存在那么多性健康问题。社工为我们揭开了“性”的神秘面纱,解答了许多困惑,让我突然意识到性教育的必要性,希望在后面的小组活动中可以学到更多的知识!① (组员 1)

我对性知识并没有太多的关注,也没有主动学习过,甚至可以说我在这方面一窍不通。尤其是我在看视频之前,从来没有想象过“我是从哪里来的”这个问题原来属于性教育的范畴。因为这也是我小时候问过我父母的问题,但是他们从来没有给过我正面的回答。虽然我现在知道答案了,但是这个问题曾经困扰了我很久,我想如果当时我的父母可以给我一个明确的答案,我

① 来源于小组活动分享记录。

也许就不会胡思乱想出一堆莫须有的事情了。所以，我觉得家长不应该回避这个问题，应该告诉孩子：你是爸爸妈妈相爱的结晶。[①]（组员 2）

从上述两位组员的分享中，我们可以发现，以小组工作的方法不断展开性与生殖健康教育具有一定的可行性。社工 L 给出的视频情景，对组员有极大的吸引力，不仅可以调动组员的情绪，还可以启发组员的思想。此时社工的责任是建立能够最大限度鼓励组员进行分享与交流的稳定的小组关系结构，通过创造机会鼓励组员表达自己的想法来营造有信任感的小组氛围。

随着小组的顺利发展，组员逐步转变了对于“性”的认知和看法，也表示希望通过社会工作专业方法，弥补缺失的性与生殖健康教育。于是，社工 L 和社工 M[②] 经过多次讨论，并借助《成长之道》一书中的相关内容，经过精挑细选和反复演练，选取了 9 个活动主题，认真设计每次活动的环节，帮助组员构建以“知识＋态度＋技能”为核心的全面的性与生殖健康教育体系。小组活动的主要内容如表 11 - 1 所示。

表 11 - 1 九次小组活动的主要内容

小组活动主题	知　识	态　度	技　能
第一次：青春期	(1) 科学认知青春期生理、心理及社会层面发生的变化 (2) 详细掌握两性生殖系统及生殖过程 (3) 系统学习青春期卫生保健知识	(1) 理解青春期的内涵及其在人生发展过程中的重要意义 (2) 树立正确的性与生殖健康观念	深刻了解自己，学会接纳自己，养成良好的生活习惯

① 来源于小组活动分享记录。
② 社工 M 是小组活动的主持人之一。

续 表

小组活动主题	知识	态度	技能
第二次：社会性别	(1) 学会辨别生理性别、心理性别与社会性别 (2) 深刻理解社会性别刻板印象的概念	(1) 认知社会性别刻板印象对人们生活产生的影响 (2) 逐步树立尊重、平等、发展的社会性别观念	理解个体的不同,尊重个体的差异,积极发挥自身潜能
第三次：人际交往	(1) 了解青春期阶段不同的人际交往模式 (2) 尊重并理解不同的爱情观	明确在与同伴或恋人相处过程中尊重对方、理解对方、信任对方的重要性	(1) 学会同伴交往,掌握同伴交往的技能 (2) 正确看待同伴冲突,学会理性、妥善处理同伴冲突 (3) 冷静处理恋爱中遇到的问题,对自己的选择负责
第四次：性行为与性决定	(1) 理解性的深刻含义,区分性的生物属性、心理属性与社会属性 (2) 认识不安全的性行为给自己及家庭带来的不良影响 (3) 了解生活中不同程度的性骚扰,科学防止性侵害	(1) 理解性是美好的 (2) 明白接受与拒绝都是一种权利与技能 (3) 树立安全防范意识,远离性骚扰与性侵害	面对性问题时,学会做明智的、安全的、健康的、负责任的决定
第五次：预防意外怀孕	(1) 学习基本的避孕原理,科学掌握常用的避孕方法 (2) 学会区分紧急避孕药与常用避孕药,明确合理使用紧急避孕药 (3) 了解可能导致青少年意外怀孕的相关因素,以及人工流产对身体、心理、家庭乃至人生产生的负面影响	(1) 明白每一位女性都具有选择是否怀孕的权利 (2) 明白任何一种人工流产都是对身体有害的	(1) 如果发生性行为,男性要主动承担责任,女性也要敢于与男性沟通,学会保护自己 (2) 在两性关系中,无论男性还是女性都应该主动培养“爱、健康和责任”意识

续　表

小组活动主题	知　识	态　度	技　能
第六次：预防性传播疾病	(1) 掌握性传播疾病的概念、类型及传播途径 (2) 了解性传播疾病的危害、预防措施和正确求医方法	预防性传播疾病的根本措施是加强自我保护的意识，选择健康的行为方式	(1) 对于性传播疾病要秉持“早发现、早治疗、早治愈”的原则 (2) 洁身自好，选择健康的行为方式 (3) 若感染性传播疾病，要到正规医疗机构进行医治
第七次：预防艾滋病病毒感染	(1) 了解艾滋病的基本知识，关注艾滋病的流行趋势 (2) 掌握艾滋病的传播途径、预防措施及监测方法 (3) 辨识日常生活中容易感染艾滋病病毒的危险行为 (4) 理解关爱和不歧视艾滋病病毒感染者和艾滋病患者的意义	(1) 加强防范意识，强化对预防艾滋病工作紧迫感的认知 (2) 明确感染艾滋病病毒的危险性取决于一个人的行为，而不是他/她的职业、身份或社会地位	做到主动检测，知艾、防艾，共享健康
第八次：远离毒品	(1) 了解毒品的种类与危害 (2) 了解当前国内外贩毒、运毒的形式，学会抵制生活中的各种诱惑	树立“四个意识”，增强社会责任感	掌握拒绝毒品、远离毒品的能力与技巧，构筑拒毒心理和行为防线
第九次：计划未来	(1) 理解目标及其对人生的意义 (2) 理解正确选择的意义	要有目标与追求，学会计划未来，构筑幸福人生	设定奋斗目标，科学规划人生道路，创造精彩未来

在小组培育的过程中，社工特别注重小组成员的主动参与意识和责任意识的培养。这一阶段社工在小组中的权力和地位逐渐由中心向边缘转移，所扮演的角色不再是小组的领导者或决策者，而是小组的协助者和引导

者。因此，在社工的介入下，依托“青春健康教育大讲堂”平台，组员也逐渐聚集起来，在组内共同讨论自己比较感兴趣的话题。社工还持续利用话语和互动游戏激发组员的热情，促使其依托已有的公共空间和自身的主观能动性，积极参与平台公共事务。比如，小组领导C带领其他3名组员，编写了一个关于“性邀约”主题的剧本，在第四次小组活动中演出后受到了社工与组员的一致好评。

原来都不曾发现，我还有表演的“天赋”，而且是表演和“性”有关的主题，简直太不可思议了！当我听到组员们的掌声和欢笑声时，我真的觉得自己太棒了！真心希望通过我们的演出，大家可以理性对待性行为，不要盲目做出一些让自己后悔的决定，应该对自己和他人的人生负责任……①（演出者D）

可见，随着组员们参与小组公共事务的经验得到越来越多的正面评价，他们的自信心和权能感也得到了极大的提升。这同样给其他组员带来了积极的影响，有效提升了组员的组织和参与能力。社工发现，组员们经历了从社工对其进行“性脱敏”到自觉、自愿地加入“青春健康”主题成长小组，并为其他组员提供一些服务。这也使“青春健康教育大讲堂”真正成为联结组员的互动平台。

四、效果评估

截至2018年年底，C职业技术学院在社工的推动下，依托“青春健康教育大讲堂”平台，共完成280人次的性与生殖健康教育服务。服务效果具体

① 来源于社工Z所做的小组活动记录。

体现在以下两个方面。

(1) 小组成员自我效能感逐步增强，内生动力得以激发。社工借助“青春健康教育大讲堂”促使组员融入公共事务，增强了他们的自我效能感。他们纷纷表示，“性与生殖健康是青少年享有的一项基本权利”“主动获取正确的性知识并不可耻”“掌握性知识才是性脱敏的第一步”。随着小组活动的不断推进，组员们从最开始的“观望”“排斥”“拒绝”到后期的“提出问题”“分享案例”“表达需求”，即组员们经历了从社工告诉他们应该怎么做到他们主动地、独立地选择怎么做。例如，在“预防艾滋病病毒感染”主题小组活动中，社工 L 现场示范了由省疾控中心免费提供的两种关于 HIV 抗体检测一次性样品——尿液 HIV 匿名无关联检测服务包和 HIV 抗体口腔黏膜渗出液检测试剂盒的使用方法。一名组员学习后，主动联系社工并表示希望社工可以为她所在班级的 60 名学生提供相应的检测样品。

从未想过原来 HIV 离我们并不遥远，我觉得人人都应该主动检测，知艾、防艾，这样才能真正做到共享健康。我们在对自己负责的同时，更应该对他人负责，所以我认为检测是十分必要的。[①]（组员 3）

由此可见，青少年在参与小组活动的过程中，并不是一味地接受，而是主动表达，积极参与，从“社工为我做事”变成“我要为大家服务”。

希望这样的学习活动不仅仅只针对我们这 35 名学生，更应该推广到各个班级，让更多的同学受益。我们要把自己学习到的知识与技能分享给班里的其他同学，让大家都来关注性与生殖健康！其实我们可以和班主任沟通协调，如利用每周班会的时间，开展一次青春健康教育主题活动，可以是

① 来源于社工 Z 的服务周志。

做一场游戏、讲一堂课或者演一个小品之类的。我相信久而久之，大家都会行动起来！[①]（组员4）

组员盘活现有班会主题教育资源的过程实质上是其发挥并运用性与生殖健康权能的重要表现。那么，我们可以得出结论："青春健康教育大讲堂"将社工、组员、班主任和班里其他学生等重新联系在一起，引发了相关群体之间的联系与互动，更形成了性与生殖健康教育的社会支持网络。

(2) 服务助力过程中任务目标与过程目标并重，但更加注重过程目标的实现。美国著名社区工作研究学者罗斯曼(Rothman)从服务目标及其达成的角度，归纳了任务目标和过程目标两个类别。任务目标就是"解决一些特定的社会问题，包括完成一件具体的任务，达成一些社会福利目标，满足社区需要，这些改善是具体而实在的"[②]。此次服务已完成的任务目标是让青少年掌握性与生殖健康基础知识，具体包括性的生物学基础、性的心理学基础、性的社会学基础、性文化与性审美、性活动与性保健、性行为与性决定、性关系与婚姻家庭、性道德与性法律等方面的知识。这同时也是构建以"知识＋态度＋技能"为核心的全面的性与生殖健康教育体系中的知识层面目标。

小组活动虽然结束了，但是一些知识点让我记忆犹新，更推翻了我之前的一些错误看法。比如，"女生来月经期间可以不可以吃冰激凌？"听了社工的讲解，我更加清晰地了解了月经的整个过程，也知道了应该如何进

① 来源于小组活动分享记录。
② 甘炳光、梁祖彬、陈丽云等：《社区工作：理论与实践》，香港中文大学出版社1994年版，第14页。

行经期保健以及处理自己的负面情绪，更懂得了女生要好好爱护自己。[①]（组员 5）

让青少年掌握性与生殖健康基础知识（完成任务目标）固然重要，但在服务过程中社工更加注重过程目标的实现。过程目标即"促进社区人士的一般能力，包括建立社区内不同群体的合作关系，发掘及培育社区领袖参与社区事务，加强对公民事务的了解，以至增强解决问题的能力、信心和技巧等"[②]。这也符合构建以"知识＋态度＋技能"为核心的全面的性与生殖健康教育体系中的态度目标和技能目标。在整个服务过程中，社工一直强调权能与公民意识的重要性，鼓励组员参与问题解决的过程。例如，"经期如何处理好自己的负面情绪"活动一方面增强了部分组员参与解决问题的意识，另一方面发掘了部分组员的潜能，增强其自决的能力。同时，小组也为其成员提供了表达意见的场域。社工在小组活动过程中营造关怀、互济、共融的氛围，通过引导组员主动参与，让组员明确自己的责任并且行使自己的权利，最终达到有效配合资源、增强群体归属感、促进青少年全面发展与进步的目标。

五、结论

云南省 D 区社会工作教育对口扶贫服务示范项目的实践经验表明，基于社会工作增能视角，一方面依托"青春健康教育大讲堂"这一公共空间载

① 来源于社工 Z 的服务周志。
② 甘炳光、梁祖彬、陈丽云等：《社区工作：理论与实践》，香港中文大学出版社 1994 年版，第 14 页。

体，推动性与生殖健康教育成长小组发展，能够有效助力职业技术学院青少年学生构建以“知识＋态度＋技能”为核心的全面的性与生殖健康教育体系；另一方面促成社会工作服务制度性供给，有利于构建具有本区域特色且长期有效的教育扶贫机制。具体结论有如下三点。

第一，基于现有资源打造公共空间，为提升青少年参与和组织能力提供平台，帮助其构建全面的性与生殖健康教育体系。在项目实施过程中，社工充分利用“青春健康教育大讲堂”这一公共活动空间，开展以“青春健康”为主题的小组活动。参与小组活动的青少年不仅获得了科学的性与生殖健康知识，树立了正确的性观念，增强了自我保护与关爱意识，还获得了同伴交往和处理两性关系的方法与技巧，学会在人际冲突中理性思考、智慧决策以及做健康、安全、负责任的决定。在小组活动过程中，社工还特别注意青少年成长与发展过程中的生理与心理变化，鼓励其积极应对所遇到的有关“性”的问题，以满足青少年的发展需求，帮助其构建以“知识＋态度＋技能”为核心的全面的性与生殖健康教育体系。

第二，立足于社会工作专业增能视角，增强青少年的自我效能感与权能感，真正实现助人自助。增能实践的助人过程是一个权力分享（shared power）、共同行使权力（power with）和参与者主导（participant driven）的过程，社工在这个过程中是促进者和支持者，而非权力的赋予者。[①] 因此，在小组活动过程中，社工与青少年建立了一种合作伙伴关系，充分尊重青少年的性与生殖健康需求，帮助青少年链接多种资源并构建社会支持网络，增强其参与公共事务的意识与能力，使其成为小组活动的主力军或主导者，主动设

① 何雪松：《社会工作理论（第二版）》，格致出版社 2017 年版，第 85 页。

计小组活动环节以推动小组发展。可见，使用社会工作专业方法有助于促使青少年在参与小组活动的过程中获得自信心，增强自我效能感和权能感，从而促进青少年健康人格的发展。

第三，促成社会工作服务制度性供给，发挥教育扶贫联动作用，构建本区域有效脱贫的长远之道。实践表明，社会工作服务在助力职业技术学院青少年学生构建以“知识＋态度＋技能”为核心的全面的性与生殖健康教育体系过程中具有一定的实效性的。但社会工作教育对口扶贫服务示范项目存在项目周期的限制，一般服务时长为1～3年。那么，如何阻止性与生殖健康教育贫困状况恶化，且减贫效应又能够持续发酵？在这种情形下，当地政府部门和教育部门要发挥积极作用，在中央财政项目的基础上承接并转型为本区域的社会工作服务实践项目，切实优化制度性供给，推动以“知识＋态度＋技能”为核心的全面的性与生殖健康教育常态化、整体性、可持续发展。这样既有利于激发“政府积极引导＋青少年学生主动参与＋社会工作服务扶持”的内生发展力量，又有利于构建具有本区域特色且长效的教育扶贫机制。

主要参考文献

一、中文文献

（一）著作类

［1］ 彼特·布劳. 不平等和异质性[M]. 王春光，谢圣赞，译. 北京：中国社会科学出版社，1991.

［2］ 埃莉诺·奥斯特罗姆. 公共事物的治理之道：集体行动制度的演讲[M]. 余逊达，陈旭东，译. 上海：上海译文出版社，2012.

［3］ 塞缪尔·P. 亨廷顿. 变化社会中的政治秩序[M]. 王冠华，刘为，等译. 北京：生活·读书·新知三联书店，1989.

［4］ 迈克尔·谢若登. 资产与穷人：一项新的美国福利政策[M]. 高鉴国，

译. 北京：商务印书馆，2005.

[5] 高功敬. 城市贫困家庭可持续生计：发展型社会政策视角[M]. 北京：社会科学文献出版社，2018.

[6] Dennis Saleebey 优势视角：社会工作实践的新模式[M]. 李亚文，杜立婕，译. 上海：华东理工大学出版社，2004.

[7] 卡尔·R. 罗杰斯，等. 当事人中心治疗：实践、运用和理论[M]. 李孟潮，李迎潮，译. 北京：中国人民大学出版社，2004.

[8] 卡尔·波兰尼. 大转型：我们时代的政治与经济起源[M]. 刘阳，冯钢，译. 杭州：浙江人民出版社，2007.

[9] 阿马蒂亚·森. 以自由看待发展[M]. 任赜，于真，译. 北京：中国人民大学出版社，2013.

[10] 阿马蒂亚·森. 正义的理念[M]. 王磊，李航，译. 北京：中国人民大学出版社，2012.

[11] 安东尼·吉登斯. 社会的构成：结构化理论大纲[M]. 李康，李猛，译. 北京：生活·读书·新知三联书店，1998.

[12] 安东尼·B. 阿特金森，约瑟夫·E. 斯蒂格里茨. 公共经济学[M]. 蔡江南，许斌，邹华明，译. 上海：上海三联书店，1996.

[13] 马尔科姆·派恩. 现代社会工作理论[M]. 3 版. 冯亚丽，叶鹏飞，译. 北京：中国人民大学出版社，2016.

[14] Lena Dminelli 女性主义社会工作：理论与实务[M]. 王瑞鸿，张宇莲，李太斌，译. 上海：华东理工大学出版社，2014.

[15] 甘炳光，梁祖彬，陈丽云，等. 社区工作：理论与实践[M]. 香港：香港

中文大学出版社,1994.

[16] 国家图书馆.部级领导干部历史文化讲座·2004[M].北京:国家图书馆出版社,2005.

[17] 国家卫生和计划生育委员会流动人口司.中国流动人口发展报告2017[M].北京:中国人口出版社,2017.

[18] 何雪松.社会工作理论[M].2版.上海:格致出版社,2017.

[19] 贾春增.外国社会学史[M].3版.北京:中国人民大学出版社,2008.

[20] 罗家德,孙瑜,楚燕.云村重建纪事:一次社区自组织实验的田野记录[M].北京:社会科学文献出版社,2014.

[21] 宋丽玉,曾华源,施教裕,等.社会工作理论:处遇模式与案例分析[M].台北:洪叶文化事业有限公司,2002.

[22] 童敏.社会工作理论:历史环境下社会服务实践者的声音和智慧[M].北京:社会科学文献出版社,2019.

[23] 万建中.中国民间文化[M].北京:北京师范大学出版社,2010.

[24] 夏建中.社区工作[M].3版.北京:中国人民大学出版社,2015.

[25] 俞可平.治理与善治[M].北京:社会科学文献出版社,2000.

[26] 张文霞,朱冬亮.家庭社会工作[M].北京:社会科学文献出版社,2005.

[27] 赵芳.小组社会工作:理论与技术[M].上海:华东理工大学出版社,2015.

[28] 中共中央宣传部.习近平新时代中国特色社会主义思想学习纲要[M].北京:学习出版社,2019.

[29] 钟敬文.民俗学概论[M].上海：上海文艺出版社，2009.

（二）期刊类

[1] 陈仁铭.略论当前农村文化主要矛盾[J].社会主义研究，2007(2)：62-63.

[2] 段成荣，周福林.我国留守儿童状况研究[J].人口研究，2005，29(1)：29-36.

[3] 范兴华，余思，彭佳，等.留守儿童生活压力与孤独感、幸福感的关系：心理资本的中介与调节作用[J].心理科学，2017(2)：388-394.

[4] 古学斌.道德的重量：论行动研究与社会工作实践[J].中国农业大学学报(社会科学版)，2017，34(3)：67-78.

[5] 古学斌.行动研究与社会工作的介入[J].中国社会工作研究，2013(0)：1-30.

[6] 顾金孚.农村公共文化服务市场化的途径与模式研究[J].学术论坛，2009，32(5)：171-175.

[7] 郭熙保，罗知.论贫困概念的演进[J].江西社会科学，2005，25(11)：38-43.

[8] 何雪松.改革开放40年与中国社会工作的发展："结构—行动"的视角[J].西北师大学报(社会科学版)，2019，56(2)：41-46.

[9] 贺雪峰.本土化与主体性：中国社会科学研究的方向：兼与谢宇教授商榷[J].探索与争鸣，2020(1)：83-89.

[10] 贺雪峰.乡村建设的重点是文化建设[J].广西大学学报(哲学社会科学版)，2017，39(4)：87-95.

[11] 侯利文. 社会工作与精准扶贫：理念牵引、技术靶向与现实进路[J]. 学术论坛，2016，39(11)：105－110.

[12] 李佳. 农村公共文化产品供给模式创新：基于建构秩序与自生秩序结合的视角[J]. 长白学刊，2012(5)：147－151.

[13] 李静，刘畅，侯福妍，等. 我国留守儿童发展研究综述[J]. 高校社科动态，2017(1)：28－30，38.

[14] 李琳，明兰. 大数据时代贵州省农村留守儿童家庭功能的嬗变[J]. 时代经贸，2018(2)：97－100.

[15] 李小虎. 自由视角中贫困的本质[J]. 佳木斯大学社会科学学报，2019，37(1)：28－31.

[16] 李小云，陈邦炼，宋海燕，等."妇女贫困"路径的减贫溢出与赋权异化：一个少数民族妇女扶贫实践的发展学观察[J]. 妇女研究论丛，2019(2)：5－16.

[17] 李晓明. 贫困代际传递理论述评[J]. 广西青年干部学院学报，2006，16(2)：75－78.

[18] 李智超，罗家德. 透过社会网观点看本土管理理论[J]. 管理学报，2011，8(12)：1 737－1 747.

[19] 廖其能，张和清. 社会工作督导范式转向研究：以"双百计划"协同行动为例[J]. 社会工作，2019(1)：54－63.

[20] 林顺利，孟亚男. 嵌入与脱嵌：社会工作参与精准扶贫的理论与实践[J]. 甘肃社会科学，2018(3)：9－15.

[21] 刘兰. 浅谈"自主、合作、探究"的参与式高效课堂[J]. 教育观察(中下

旬刊),2015,4(11): 60-61.

[22] 刘幸娟,梁卓唯,张月娥,等. 吉林省延边地区留守儿童社交回避与苦恼状况研究[J]. 现代交际,2017(14): 32-33.

[23] 刘玉兰. 西方抗逆力理论: 转型、演进、争辩和发展[J]. 国外社会科学,2011(6): 67-74.

[24] 路璐. 浅析江西民歌的风格特征: 以《斑鸠调》为例[J]. 美与时代(城市),2013(6): 127-128.

[25] 牟新渝,董彭滔. 新常态下的积极老龄观[J]. 中国老年学杂志,2017,37(7): 1 812-1 814.

[26] 牟新渝. 树立积极老龄观 辩证思考老龄问题[J]. 社会福利(理论版),2018(8): 59-61.

[27] 强薇. 中英比较下的贫困概念分析[J]. 青年文学家,2013(4): 196-197.

[28] 张倩. 社会转型视角下农村老年人社会支持问题研究: 基于山东省 D 村的个案调查[J]. 上海城市管理,2017,26(5): 31-36.

[29] 徐志坚,周玉升,于理,等. 2000 至 2017 年中国 60 岁以上老年人社会支持状况及其影响因素的 Meta 分析[J]. 中华健康管理学杂志,2018,12(3): 243-251.

[30] 辛素飞,岳阳明,辛自强,等. 1996 至 2015 年中国老年人社会支持的变迁: 一项横断历史研究[J]. 心理发展与教育,2018,34(6): 672-681.

[31] 张风,李宗华. 关于老年人社会支持研究的综述[J]. 山东省农业管理干部学院学报,2011,28(4): 68-71.

[32] 丁华. 老年人社会支持网络：基于2010年"中国家庭追踪调查"数据[J]. 中国老年学杂志，2015，35(2)：545－547.

[33] 赵桂英. 加强衡水市农村互助养老建设的思考[J]. 劳动保障世界，2017(32)：11.

[34] 唐踔. 构建农村留守老人社会支持体系研究[J]. 河北青年管理干部学院学报，2014，26(4)：25－29.

[35] 高利平. 农村失能老人照护方式及社会支持研究[J]. 人口与发展，2015，21(4)：92－102.

[36] 仝慧娟，李欣，孙晓菲. 沈阳市城乡老年人社会支持现状及其影响因素分析[J]. 中国老年保健医学，2018，16(2)：21－24.

[37] 刘林林，秦建君，曲海英. 城镇化进程中农村老年人社会支持及影响因素[J]. 中国健康心理学杂志，2016，24(8)：1 177－1 181.

[38] 白宝鑫，黄照权，石武祥，等. 广西毛南族农村老年人社会支持现状及其影响因素[J]. 中国老年学杂志，2019，39(17)：4 348－4 351.

[39] 潘超平，郝晓宁，刘增法，等. 北京市老年人社会支持网络的时空分布[J]. 中国老年学杂志，2019，39(5)：1 194－1 198.

[40] 白涛，武丽，姜雪锦，等. 农村地区老年人社会支持与抑郁关系[J]. 中国公共卫生，2012，28(8)：1 044－1 048.

[41] 刁春婷，孙锋丹，洪建中. 经济收入和居住方式在农村老年人社会支持与主观幸福感关系中的调节作用[J]. 老龄科学研究，2017，5(11)：47－56.

[42] 杨家甜，马国玉，申静蓉，等. 云南省宜良县农村老年人社会支持与抑

郁的关系[J]. 昆明医科大学学报,2019,40(6):48-52.

[43] 贾君杰,郭继志,李敏,等. 山东省农村老年人社会支持状况及其影响因素分析[J]. 中国医学伦理学,2017,30(6):733-736.

[44] 唐丹. 城乡因素在老年人抑郁症状影响模型中的调节效应[J]. 人口研究,2010,34(3):53-63.

[45] 刘俊娥,宋玉钰,邢凤梅,等. 奥马哈系统干预对居家不出老年人日常生活活动能力和生活质量的影响[J]. 中国老年学杂志,2017,37(6):1 501-1 503.

[46] 彭捷. 社区老年组织:老年群体社会整合的新路径[J]. 老龄科学研究,2015,3(1):50-58.

[47] 阮荣平,郑风田,刘力. 公共文化供给的宗教信仰挤出效应检验:基于河南农村调查数据[J]. 中国农村观察,2010(6):72-85.

[48] 阮荣平,郑风田,刘力. 中国当前农村公共文化设施供给:问题识别及原因分析:基于河南嵩县的实证调查[J]. 当代经济科学,2011,33(1):47-55.

[49] 疏仁华. 论农村公共文化供给的缺失与对策[J]. 中国行政管理,2007(1):60-62.

[50] 孙浩,朱宜放. 公共文化服务供给中的农民需求表达研究[J]. 湖北工业大学学报,2012,27(6):9-12.

[51] 田雄,刘丹. 泥淖之上 科层之下:产业扶贫中乡土企业与基层政府的关系研究[J]. 中国农业大学学报(社会科学版),2019,36(2):68-78.

[52] 田兆元，林美容，游红霞. 田兆元、林美容对话：文化圈与信仰谱系：海峡两岸民间信仰的比较研究[J]. 民间文化论坛，2017(4)：80－84.

[53] 田兆元，吴玉萍. 民俗是提升日常生活境界的文化精华：华东师范大学田兆元教授访谈[J]. 四川戏剧，2017(8)：4－9.

[54] 王川兰. 行动者、系统与结构：社会组织参与公共服务购买的行动逻辑：基于上海市S机构的实证研究[J]. 社会科学，2018(3)：82－91.

[55] 王见敏. 基于农村居民禀赋视角的农村文化建设分析：来自湖北省A市L镇的实地调查数据[J]. 中国农村观察，2012(4)：76－87.

[56] 王思斌，阮曾媛琪. 和谐社会建设背景下中国社会工作的发展[J]. 中国社会科学，2009(5)：128－140.

[57] 王思斌. 社会工作要积极、创造性地参与脱贫攻坚[J]. 中国社会工作，2017(25)：1.

[58] 王思斌. 我国农村社会工作的综合性及其发展：兼论"大农村社会工作"[J]. 中国农业大学学报(社会科学版)，2017，34(3)：5－13.

[59] 王思斌. 中国社会工作的嵌入性发展[J]. 社会科学战线，2011(2)：206－222.

[60] 王卓. 论暂时贫困、长期贫困与代际传递[J]. 社会科学研究，2017(2)：98－105.

[61] 文军，陈倩雯. 改革开放40年来中国社会工作理论研究的回顾与展望[J]. 西北师大学报(社会科学版)，2019，56(2)：32－40.

[62] 文军，吴越菲. 灾害社会工作的实践及反思：以云南鲁甸地震灾区社工整合服务为例[J]. 中国社会科学，2015(9)：165－181.

[63] 吴理财,夏国锋.农民的文化生活：兴衰与重建：以安徽省为例[J].中国农村观察,2007(2)：62－69.

[64] 吴晓林.农村留守老人的“公共性”问题与“自养化”生存研究[J].天府新论,2012(4)：87－92.

[65] 向德平,华汛子.充分发挥专业优势助力脱贫攻坚[J].中国社会工作,2017(25)：17－18.

[66] 向德平,姚霞.社会工作介入我国反贫困实践的空间与途径[J].教学与研究,2009(6)：22－26.

[67] 向伟,肖汉仕.家庭功能对农村留守儿童情绪健康的影响效应[J].湖南农业大学学报(社会科学版),2018,19(6)：43－48.

[68] 向延平.教育贫困代际传递与阻断：教育精准扶贫路径选择[J].当代教育论坛,2018(3)：32－37.

[69] 邢成举,李小云.超越结构与行动：中国特色扶贫开发道路的经验分析[J].中国农村经济,2018(11)：32－47.

[70] 张广利,王登峰.社会行动：韦伯和吉登斯行动理论之比较[J].学术交流,2010(7)：135－139.

[71] 张和清.知行合一：社会工作行动研究的历程[J].浙江工商大学学报,2015(4)：98－103.

[72] 张孝义,王瑞乐,杨琪,等.家庭环境对留守儿童问题行为的影响：交流恐惧的中介作用[J].中国特殊教育,2018(4)：66－72.

[73] 赵琼.企业社会工作的内部嵌入机制研究[J].社会工作与管理,2017,17(6)：12－19.

[74] 郑广怀,刘焱.“扩展的临床视角”下企业社会工作的干预策略：以广东D厂的新员工为目标群体[J].社会学研究,2011,26(6)：83－101.

[75] 中共襄樊市委宣传部课题组,陈仁铭.论农村文化配置的结构性失衡[J].求实,2007(3)：77－79.

(三) 学位论文

[1] 丁雅玲.自组织理论视角下“转型社区”能力建设的问题研究：以X社区为例[D].石家庄：河北经贸大学,2017.

[2] 范海霞.社区自组织在社区治理中的作用：以上海市闸北区临汾路街道为例[D].上海：上海交通大学,2009.

[3] 高文静.农村社区治理中的多元主体协同共治研究：以桐城市Y村为例[D].合肥：安徽大学,2017.

(四) 其他类

[1] 胡德胜.运用复合措施构建生态系统保护治理体系[A].2015年全国环境资源法学研讨会,2015－07－17.

[2] 习近平.在中共中央政治局第三十二次集体学习时强调：党委领导政府主导社会参与全民行动　推动老龄事业全面协调可持续发展[N].人民日报,2016－05－29(1).

[3] 李小云,左停.深度贫困地区脱贫攻坚：挑战与对策[N].中国社会科学报,2018－02－06(8).

二、外文文献

[1] GRANOVETTER M. Economic action and social structure: the

problem of embeddedness [J]. American Journal of Sociology, 1985,91(3): 481 - 510.

[2] ORME J, DOMINELLI L, MULLENDER A. Working with violent men from a feminist social work perspective [J]. International Social Work, 2000,43(1): 89 - 105.

[3] ADAMS R. Social work and empowerment [M]. London: Macmillan Press, 1996.

[4] HERMANN H. Information and self-organization: a macroscopic approach to complex systems[M]. Berlin: Springer-Verlag, 1988.